CÉLÉBRITÉS

DU MÊME AUTEUR

Dalida, une vie brûlée, l'Archipel, 2007.

Coluche, toujours vivant, Payot, 2006.

Ces maladies créées par l'homme, avec le professeur Dominique Belpomme, Albin Michel, 2004.

La Double mort de Romy, Albin Michel, 2002.

Mouna Ayoub, l'autre vérité, Presses du Châtelet, 2001.

Je dis tout, les secrets de l'OM sous Tapie, avec Jean-Pierre Bernès, Albin Michel, 1995.

J'irai plaider sur vos tombes, entretiens avec Gilbert Collard, Michel Lafon, 1993.

Montand, le livre du souvenir, Sand, 1992.

Gainsbourg, le livre du souvenir, Sand, 1991.

McEnroe, champion rebelle, Calmann-lévy, 1981.

BERNARD PASCUITO

CÉLÉBRITÉS
16 MORTS ÉTRANGES

l'Archipel

En couverture :

Romy Schneider : © Sunset Boulevard/Corbis.
Michael Jackson : © Le Segretain/Corbis Sygma.
Jean-Paul Ier : © Hulton-Deutsch Collection/Corbis.
Marilyn Monroe : © Hulton-Deutsch Collection/Corbis.
Lady Diana : © Pool Photograph/Corbis.
Pierre Bérégovoy : © Christophe Russeil/Kipa/Corbis.
Coluche : © Noël Quidu/Kipa/Corbis.

www.editionsarchipel.com

Si vous désirez recevoir notre catalogue et être tenu au courant de nos publications, envoyez vos nom et adresse, en citant ce livre, aux Éditions de l'Archipel, 34, rue des Bourdonnais 75001 Paris. Et, pour le Canada, à Édipresse Inc., 945, avenue Beaumont, Montréal, Québec, H3N 1W3.

ISBN 978-2-8098-0315-0

« Il n'y a pas de raisons de vivre, mais
il n'y a pas de raisons de mourir non plus. »
Jacques RIGAUT

Avant-propos

Le 31 août 1997, la princesse Diana mourait à Paris dans un accident de voiture. Rien de plus tragique, rien de plus banal. Des dizaines de milliers de gens meurent chaque année dans un accident de voiture. La mort de Diana, princesse de Galles, épouse divorcée du prince Charles, futur roi d'Angleterre, et mère de William et Harry, princes de sang royal, fut accueillie dans le monde entier comme une tragédie. Une émotion qui se conçoit, car à travers son destin, son mariage, ses souffrances, son divorce, mais aussi ses actions en faveur des plus déshérités, elle avait conquis la majorité des cœurs de la planète.

Élégante, très grande, jolie, elle avait su faire oublier la jeune fille timide et presque effacée qui, à vingt ans, avait épousé le prince Charles. Un mariage que l'on disait de conte de fées.

Quelques semaines après l'accident, alors que déferlaient encore les hommages et que les larmes n'avaient pas encore cessé de couler sur les joues de ses plus fidèles admirateurs, les premières rumeurs commencèrent à se faire entendre. Et si cet accident n'était pas un accident ?

Pourquoi n'acceptons-nous pas chez des personnes célèbres ce que nous concevons lorsqu'il s'agit d'un proche ? En cas de mort brutale, il est en effet difficile d'imaginer une telle réaction : « Mon frère s'est fait écraser par une voiture à la sortie de son bureau. Je suis sûr que ce n'était pas un accident. » Non, cela n'arrive jamais, ou alors c'est qu'il existe des raisons évidentes pour que le doute s'installe. Comme dans le cas d'un mari qui cherche à se débarrasser de sa femme pour toucher un héritage ou une prime d'assurances.

Lorsqu'il s'agit de célébrités, on trouve normal que les proches, les médias et le public affichent leurs soupçons. À l'époque de la mort de Diana, alors que la presse se concentrait dans un premier temps sur la vie privée de la jeune femme, les interrogations sont venues du public. Il n'y avait pas le moindre dîner ou la moindre conversation de bistrot où l'on n'évoquait la mort de Diana, et les raisons de celle-ci. Et pourtant, ces raisons paraissaient évidentes : une voiture qui file dans la nuit, beaucoup trop vite, qui s'enfonce sous un pont où il est dangereux de circuler à grande vitesse, le pont de l'Alma. Un chauffeur dont on devait apprendre assez vite qu'il était en état d'ébriété, la volonté du compagnon de Diana, Dodi Al-Fayed, de semer les quelques paparazzi qui s'accrochaient à distance à leur voiture, lesquels paparazzi étaient équipés de motos dont la puissance ne justifiait pas que la grosse

Mercedes qui les précédait pousse sa vitesse à des allures folles.

Et puis l'accident.

Mais à chaque fois que vous évoquiez ces éléments tellement raisonnables, ces vérités incontestables d'une nuit tragique, toujours et inlassablement chacun de vos interlocuteurs revenait sur les mystères de l'accident.

Pour mettre en doute une mort, il faut avoir des raisons, bonnes ou mauvaises. Et pour tous les disparus évoqués dans ce livre, il existe de telles raisons. Claude François est-il mort dans sa baignoire, électrocuté par une applique, ou a-t-il été assassiné après avoir été menacé à plusieurs reprises ? Coluche est-il mort dans un accident de moto, alors qu'il préparait un nouveau spectacle au Zénith dans lequel il devait évoquer, avec violence et humour, la fille cachée du président de la République, François Mitterrand ? Était-il un gêneur qu'il fallait éliminer ? N'avait-il pas déjà « importuné », des années auparavant, lorsqu'il avait voulu se présenter comme candidat à la présidence de la République ? Romy Schneider s'est-elle suicidée, ou, comme on nous l'affirme, est-elle morte de mort naturelle, un soir, assise à la table du salon de son appartement ? Pierre Bérégovoy, lâché par ses amis politiques, embringué dans un scandale financier, s'est-il suicidé ? Ou a-t-il reçu deux balles dans la tête, ce qui fait beaucoup pour un suicide… Jean Seberg, retrouvée onze jours après sa disparition morte dans sa voiture, s'est-elle suicidée ? Ou a-t-elle succombé après avoir absorbé une énorme quantité d'alcool… Si énorme qu'il semble impossible qu'elle l'ait bue sans y avoir été contrainte ? Marilyn Monroe est-elle morte de mort naturelle, s'est-elle suicidée ou a-t-elle été assassinée sur ordre des Kennedy, dont elle menaçait la sérénité ?

On le voit, chacune de ces disparitions présente des aspects nébuleux jamais éclaircis. Dans le cas de Marilyn Monroe ou de Diana, des dizaines de livres consacrés à leur mort ont accumulé les doutes sans vraiment faire avancer la vérité.

Ils étaient jeunes, beaux, riches et célèbres. Parfois les quatre à la fois. Et ils sont morts comme n'importe lequel d'entre nous. C'est cela qui est inacceptable. Quand on est la princesse Diana, on ne peut mourir dans un accident de voiture sous le pont de l'Alma. Quand on est Coluche, on ne peut disparaître dans un accident de la circulation sur une route du Midi. Quand on est Claude François, on ne peut mourir dans sa baignoire pour avoir touché une applique mal installée.

Il y a forcément autre chose que l'on ne nous dit pas.

Nous vivons dans une société de plus en plus paranoïaque, où la théorie du complot affleure à chaque événement. Ces dernières années, de monstrueuses insinuations, feutrées puisque attentatoires à la loi, ont même laissé entendre que les camps de concentration – à Auschwitz, Treblinka, Dachau, etc. – et les chambres à gaz n'avaient pas existé. Et à travers des livres, des vidéos sur Internet, certains ont même mis en doute la réalité des attentats du 11 Septembre. Qui auraient été inventés, créés par le gouvernement américain.

Devant une telle paranoïa, on reste les bras ballants.

Aujourd'hui, le doute n'est pas seulement permis, il est obligatoire. Mourir sans raison paraît suspect.

Comme s'il fallait une raison précise pour mourir à telle date, à tel endroit.

Nous sommes entrés dans le royaume de la mort interdite.

Alors, on cherche d'autres vérités, plus dérangeantes, derrière les vérités apparentes. Et parfois on trouve. Rarement des preuves. Plus souvent des éléments dissonants.

On en vient toujours à chercher dans les zones d'ombre d'une vie les possibilités d'éclairer une mort ambiguë.

C'est en fouillant dans la vie de Marilyn Monroe que l'on a cherché à expliquer sa disparition. Dans le cas de Romy Schneider, tout un chacun estime dans son inconscient qu'une mère ayant perdu son enfant dix mois plus tôt est condamnée à mort, et qu'elle doit immanquablement finir par se suicider.

Le but de ce livre est d'accepter le doute, de donner éventuellement les arguments pour le dissiper ou, au contraire, de poser les éléments, parfois nombreux, qui permettent de l'étayer.

Si nous trouvons dans ces pages des personnalités hypermédiatisées, de Michael Jackson à Marilyn Monroe, en passant par Diana, Claude François ou Coluche, nous croisons aussi des personnalités moins connues du grand public, tels le général Leclerc ou Marie-Antoinette Chaban-Delmas, ainsi que des personnages à la stature indéniable, comme le pape Jean-Paul Ier, décédé mystérieusement après seulement trente-trois jours de pontificat.

On peut être élu pape et mourir de mort naturelle trente-trois jours après. Le fait est que l'élection d'un pape ne lui garantit pas un certain nombre d'années de vie. Pour ce qui est de la vie éternelle, il verra plus tard, mais de préférence après sa mort.

Mais, derrière la brutalité de cette disparition, on découvre des éléments qui donnent à penser que Jean-Paul Ier ne serait pas mort de mort naturelle.

En se penchant sur certaines vies méconnues, on découvre souvent des aspects passionnants. Nous pensons notamment à Marie-Antoinette Chaban-Delmas, disparue dans un accident de voiture alors que son mari Premier ministre travaille à Matignon. Force est de constater que depuis des années les époux Chaban-Delmas faisaient maison à part. Le Premier ministre avait une liaison avec une femme qu'il épousera un an environ après la mort de Marie-Antoinette, et c'est cette liaison portée au grand jour qui aurait mis celle-ci dans un état de dépression nerveuse pour laquelle elle était soignée depuis des années.

Le général Leclerc est mort dans un accident d'avion, mais le pilote n'aurait jamais dû décoller tant les conditions atmosphériques étaient mauvaises. Au premier abord, voilà une mort qui paraît assez peu mystérieuse. Surtout quand on sait que Leclerc a lui-même ordonné au pilote de décoller. Mais alors, d'où est venue la rumeur ? Après avoir été protégé par de Gaulle, le libérateur de Paris avait commencé à lui faire de l'ombre, une ombre grandissante…

La question revient sans cesse, lancinante : à qui la mort profite-t-elle ?

Celle de Diana profite à la famille royale d'Angleterre, exaspérée par les humiliations que lui infligeait la jeune femme.

Celle de Bérégovoy profite à son camp, si tant est que Bérégovoy représentait un danger pour ses amis, et notamment le président de la République.

La mort de Jean-Paul Ier profite à ses adversaires politiques au sein du Concile.

La mort de Michael Jackson profite à beaucoup de gens, dans son entourage professionnel. Dans son état physique et mental, il aurait été incapable d'honorer les concerts qu'il devait donner à Londres. Sa disparition permettait de faire couvrir par les assurances les frais liés à l'annulation.

La mort de Jean Seberg aurait profité au FBI et à la CIA, mais aussi à quasiment toute l'Amérique blanche et dure qui ne supportait plus ses amitiés avec les Black Panthers.

Bien sûr, il ne saurait s'agir ici d'apporter une réponse précise à cette foule d'interrogations, mais simplement d'effectuer un voyage à travers des vies qui, chacune à leur façon, ont pu nous passionner. Des existences dont nous pensons connaître les méandres, alors que nous n'en savons le plus souvent pas grand-chose. Il s'agit de traquer la vérité, de l'approcher parfois, quitte à en être effrayé.

Le général Leclerc

Mort, où est ta victoire ?

Pour tous les Français, il est l'homme qui a libéré Paris. Philippe de Hauteclocque appartient à une époque où les jeunes gens de son milieu devenaient moines ou soldats. Il a choisi en 1922, à vingt ans, de prendre le chemin de Saint-Cyr. À moins de quarante ans, il a refusé la débâcle, l'humiliation, l'Occupation, pris le nom de Leclerc pour épargner des ennuis à sa famille, rejoint Londres après avoir été fait prisonnier deux fois et s'être évadé deux fois.

On ne peut pas évoquer la mort de Leclerc si on ne tente pas d'abord d'ébaucher un portrait de l'homme, du combattant, du meneur d'hommes, du stratège et aussi, et surtout, du visionnaire politique dont les lumières pouvaient faire de l'ombre aux uns et hurler les autres.

D'où vient qu'un parcours conforme aux traditions familiales et aux valeurs chrétiennes, enraciné dans le service de la patrie et de l'État, conduise à s'interroger sur l'anticonformisme de Leclerc ? Son engagement d'homme libre est, certes, peu banal parmi sa génération d'officiers. C'est bien la cohérence de son parcours, donnant un sens à son engagement dans la France Libre qui fait rupture, non sur le plan de son itinéraire intellectuel, patriote, familial et moral, mais bien par rapport à une étude sociologique du comportement militaire en 1940 : obéir plutôt que résister. Leclerc est conçu pour résister. Il appartient à ce que l'on a appelé la « génération de feu », génération saint-cyrienne (1922-1924), instruite par les sacrifices de la Grande Guerre, génération d'officiers marqués par les enseignements tactiques et stratégiques du « feu qui tue », à Saint-Cyr puis à l'École de guerre (1938-1939). Cavalier sorti major du stage d'application de cavalerie à Saumur en 1925, major à l'entrée et à l'issue de la première année de l'École de guerre, Hauteclocque se défie des faiseurs d'idées, non des idées elles-mêmes.

S'il passe dix-sept ans en école, de 1922 à 1939, dont huit comme instructeur (à Dar El-Beïda, au Maroc, 1927-1929, et à Saint-Cyr, 1933-1938), il n'est pas l'archétype de l'officier de corps de troupes des années 1920 et 1930. Si sa carrière est conforme au parcours type de l'officier de cavalerie avant 1940, elle tranche par ses talents. En dépit de sa brève expérience du feu en 1939, il se révèle rapidement un chef de guerre anticonformiste et brillant, mieux, victorieux. Le général Leclerc perce sous le capitaine de Hauteclocque. Ses qualités de meneur d'hommes au combat, mais aussi dans son œuvre de ralliement à la France Libre, sont évidentes. Doué de toutes les qualités de tacticien et de logisticien en tant que chef de la « force L » (Koufra, mars 1941), puis de la 2e division blindée, Leclerc est un chef de guerre reconnu. Il a forgé, non sans difficulté, la 2e DB, il déploie toutes ses qualités dans la campagne de Tunisie en février 1943. Avec ses talents d'organisateur et d'improvisateur, il rallie autour des Français libres de 1940 à 1942 une partie de l'armée d'Afrique et des giraudistes, évadés de France et Africains engagés. Cet amalgame de soldats français nord-africains, prémonitoire de la reconstruction des armées françaises après 1944, est sans conteste un atout pour la France combattante. Libre dans l'action et dans la pensée, Leclerc s'adapte aux situations les plus difficiles. Ainsi en est-il lors des premiers engagements de la 2e DB après le débarquement en Normandie du 1er août 1944. Enfin, la campagne d'Alsace de la 2e DB est, d'un point de vue logistique et stratégique, un modèle d'école qui lui vaudra plus tard l'admiration d'un Patton, ou d'un Bradley, initialement plus réservés.

Ses premiers accrochages avec de Gaulle sont nés à chaque fois qu'il a voulu sortir de son rôle de militaire. Car c'est une qualité qui peut coûter cher et qu'il possède entièrement : il sait sortir du domaine strictement militaire pour briller dans le politique et l'administratif, comme le prouve son action au Cameroun, rallié d'août à novembre 1940 avec des forces dérisoires. Car s'imposer aux Alliés sur un terrain militaire est une tâche éminemment politique. Les relations de la France Libre avec l'URSS, bonnes en 1943, se retrouvent très dégradées en 1944 car les intérêts de Paris ne sont pas les mêmes que ceux de Moscou. De même, les divergences de Leclerc avec les Anglais et les Américains en 1944 pour la libération du territoire national débordent du strict domaine militaire. La Libération de Paris est à ce titre une action largement politique. De l'Empire à l'Union française, Leclerc grandit et s'impose progressivement comme chef appelé à des magistratures politiques, à ses propres yeux d'abord, à ceux de Charles de Gaulle et des Français ensuite, au regard de l'étranger enfin. Il est évident que Charles de Gaulle, qui a lui aussi des ambitions politiques pour plus tard, même s'il apprécie Leclerc, ne peut pas ne pas voir en ce jeune général un futur rival. De l'Afrique du Nord en 1943-1944 à l'Indochine en 1946, Leclerc parfait son apprentissage au contact des plus grands politiques et hommes de guerre. Ses rapports militaires sur la situation indochinoise en 1946 ou nord-africaine en 1946-1947 témoignent d'une lecture proprement politique de la question impériale. Certes, dans son esprit, la fermeté française n'est pas exclue au Maroc à l'égard du sultan. Cette analyse, dictée par une prise en considération clairvoyante de l'impuissance française par défaut de moyens militaires et financiers, a pesé autrement que par la répression de troubles en Afrique du Nord, à l'heure d'une participation à un conflit mondial dans le camp anglo-saxon en juin 1947. Ni guerre ni paix, mais défense de l'Afrique contre des périls intérieurs et extérieurs au début de la guerre froide résume ici une pensée fidèlement gaullienne. Ses fonctions et ses responsabilités au moment où sa célébrité déborde du cadre de la seule France réunie le préparent sans doute à quelque rôle d'importance, quand survient sa mort « accidentelle ».

La mort lors d'un accident mystérieux de ce jeune général victorieux, expression d'une « libre volonté française », le fige dans une gloire intacte. L'homme, par son caractère et les attributs symboliques du héros pur, a de son vivant les traits de la légende rêvée par les Français désunis. Les gestes symboliques (le serment de Koufra, la victoire, la libération du territoire national et de sa capitale) facilitent la geste du héros (Koufra, Normandie, Paris, Strasbourg, Berchtesgaden...). Mais c'est aussi parce que la mémoire nationale, qui n'est jamais innocente, sait les mettre en scène. Les relations entre de Gaulle et Leclerc, dans le complément de leurs différences, jouent ici un rôle important.

Communément, on résume leur couple historique à la rencontre et parfois à l'affrontement du soldat et du politique. C'est cela que de Gaulle avait de plus en plus de mal à supporter. Lui, le soldat, Leclerc, le politique. Or de Gaulle se voulait aussi, et il le prouvera par la suite, un politique, car les guerres s'arrêtent, les généraux passent, les politiques restent.

Tout a commencé en 1940.

Le 25 juillet 1940, Leclerc est face à de Gaulle. Les deux soldats se jaugent. Ils forceront ensemble leur destin. L'un avec l'autre. Parfois l'un contre l'autre.

Première étape de la reconquête : l'empire et ses bornes africaines. De Gaulle voit grand. Leclerc va vite. Au Cameroun, il s'empare par surprise du port de Douala, puis de Yaoundé, la capitale, sans qu'un seul coup de feu soit tiré. Il s'est lui-même nommé colonel, faisant coudre sur sa veste des galons qu'il avait opportunément trouvés.

Il tente et réussit ensuite un coup de force sur Libreville, la capitale gabonaise, puis se met en route vers les oasis libyennes de Koufra, position très stratégique, à 150 kilomètres de la frontière égyptienne. Pour les atteindre, il faut franchir un désert caillouteux et brûlant de 500 kilomètres de long, défendu par un fort redoutable, tenu par une forte garnison italienne. Leclerc choisit la ruse. Attaquant de nuit, il fait croire que ses troupes, trois cents hommes à peine, sont dix fois supérieures en nombre. La place capitule.

Il y gagne ses galons de général. La silhouette émaciée, la petite moustache, la canne et le képi entrent dans la légende.

À Koufra, il prête solennellement serment : « Jurons de ne déposer les armes que lorsque nos couleurs, nos belles couleurs, flotteront sur la cathédrale de Strasbourg. »

À qui d'autre que lui de Gaulle aurait-il pu penser pour libérer Paris ? La capitale s'est soulevée et, depuis le 19 août, des groupes de résistance armée occupent plusieurs mairies et quelques ministères. L'ennemi menace de faire sauter la ville symbole. Les Américains sont plutôt partisans d'isoler la capitale en la contournant. Mais le temps presse, la Résistance appelle déjà à l'aide… Leclerc reçoit enfin l'ordre de marche. Canne à la main, casque sur la tête pour se protéger d'une pluie battante, il avance à pied le long de la route nationale vers La Croix-de-Berny.

À 21 h 22, ce 24 août, la petite colonne, forte de trois chars et de moins de cent hommes, sans heurts, atteindra l'Hôtel de Ville. Le lendemain, à la tête de la 2e DB, Leclerc libère Paris. Il prend ensuite Baccarat puis Strasbourg, la poche de Royan et, enfin, Berchtesgaden, le nid d'aigle d'Hitler.

Chargé à la Libération de restaurer la présence française en Indochine, il rencontre Hô Chi Minh à Hanoi.

Instinctivement, les deux hommes se comprennent. Au fond de lui-même, Leclerc sait que l'Indochine française est définitivement perdue. Au Viêtnam, sa politique est une des premières ébauches de décolonisation.

Sur ce point, il s'oppose pour la première fois à de Gaulle qui le soupçonne de vouloir brader l'empire. D'autres lui en veulent. On commence à murmurer qu'il est vraiment intenable, incontrôlable, et qu'on ne peut pas le laisser agir ainsi, seul, contre les intérêts de la nation. Une sale ambiance règne autour de lui. Rumeurs et complots naissent sans qu'il veuille y prêter attention.

Après lui avoir donné sa cinquième étoile de général d'armée – il a quarante-quatre ans –, on le nomme inspecteur général des forces d'Afrique du Nord.

Le 26 novembre 1947, il est l'hôte de Strasbourg qui fête l'anniversaire de sa libération par la 2e DB. Le soir même, il s'envole de Villacoublay pour Oran où, le 27, il assiste à des manœuvres combinées et s'adresse aux officiers. Le 28 au matin, il se rend au terrain d'aviation pour gagner Colomb-Béchar.

Ce matin-là, deux pilotes consultent la météo. À Oran, le temps est translucide. La piste, sous la lumière fraîche du petit jour, a un éclat métallisé. Dans le Sud, la tempête de sable ratisse, sur des centaines de kilomètres, palmeraies, orangeraies, centres d'élevage.

À Colomb-Béchar, la visibilité est nulle. L'un des pilotes se résigne. Il connaît le Sahara :

« Nous ne volerons pas par un temps pareil. »

L'autre connaît Leclerc : le général doit être dans la matinée à Colomb-Béchar. Il y sera. Rien ne résiste au vainqueur de Koufra, de Strasbourg et de Berchtesgaden. Ou plutôt, il ne cède devant rien.

À la sortie du bureau de la météo, les pilotes se séparent. Le premier se dirige vers *Julie*, un JU 52 lent mais sûr, l'avion des sables par excellence. L'autre marche à grands pas vers le Mitchell P47, bimoteur rapide, lourd par rapport à la surface de ses ailes : l'avion personnel du général. Chacun sait, sur le terrain, qu'on n'affronte pas le vent de sable avec un P47. Quitte à commettre un acte de folie, autant le faire à bord du JU 52, qui se pose avec précaution et sur moins de 400 mètres.

C'est pourtant à bord du P47 que tout le monde va s'embarquer car on ne parle pas de prudence devant Leclerc, le soldat qui ne craint pas la mort et la défie sans cesse. Pendant la guerre, Leclerc a bravé la mort plus de cent fois en quatre ans. Il lui arrivait de rire sous les obus. Quand Strasbourg s'est retrouvée prise sous le feu de l'artillerie allemande et qu'un obus a frappé le Kaiser-Palatz, l'hôtel où le général, venu libérer la ville, s'était installé, il a éclaté de rire. Le lustre venait de s'écrouler, le plafond fondait comme neige de plâtre sur le salon où il se trouvait avec plusieurs militaires et lui, il riait. D'un rire si éclatant qu'il en devint vite contagieux et que, bientôt, la joie fut générale.

À cet homme-là, on ne dit pas qu'il va devoir arrêter sa course – même quelques heures – à cause d'un simple vent de sable. Et on ne lui dit pas non plus dans quel avion il doit monter.

« Je dois partir. Un seul avion décollera, le mien ! », lance-t-il à l'officier météorologique qui tente de le mettre en garde.

Le lieutenant Delluc arrive au pied de son avion en même temps que le général. Celui-ci s'engouffre dans l'appareil.

« Allez, on part », dit-il à Delluc.

Le pilote n'a ni le temps, ni l'occasion, ni l'audace d'expliquer la situation. Qui l'aurait fait ? Les officiers d'état-major suivent le général aveuglément : Frichemont, Garreau, Fouchet, Clementini, le commandant d'aviation Meyrant…

Le Mitchell décolle et prend rapidement de l'altitude. Il escalade l'Atlas, survole bientôt le territoire d'Aïn-Sefra.

L'avion se troue un passage dans un ciel d'ardoise. Sous ses ailes, le ciel est nivelé, peigné par le vent chargé de sable blanc, un vent compact, un vent qui écorche, une masse qui se déplace à plus de cent à l'heure. La radio de bord appelle Colomb-Béchar. Aucune réponse. Le vent de sable rend muets les instruments. C'est à ce moment-là que, selon la version officielle fournie par l'enquête, Delluc va tenter, pour briser son isolement, de se rapprocher du sol. Si c'est le cas, c'est une erreur, mais qui peut s'expliquer en de telles circonstances.

Il plonge dans l'abîme de sable au fond duquel gît Colomb-Béchar. À cinq cents mètres d'altitude, rien de changé. L'avion s'engouffre encore vers le sol invisible. Il est à deux cents mètres, à cent… qui sait ? Peut-être à moins.

Après, on ne peut émettre que des hypothèses.

Une rafale rabat l'avion contre une dune, le long de la voie de chemin de fer qu'aurait tenté de suivre Delluc ? Ou bien la foudre ? Ou autre chose ?

Une heure plus tard, une patrouille saharienne retrouve les débris du Mitchell et douze corps horriblement mutilés dispersés autour de la voie ferrée. Déjà, la tempête recouvrait le corps du général d'un fin linceul de sable. Un peu plus loin, on devait aussi retrouver la canne et la plaque de grand-croix de la Légion d'honneur de l'ancien chef de la 2e DB.

C'était le 28 novembre 1947.

Dans les mois, les années qui ont suivi, on a tout dit, tout écrit sur la mort de Leclerc et de ses compagnons. Très sérieusement, on a évoqué la possibilité qu'elle ait été préméditée. Et que Leclerc ait été la cible d'un règlement de comptes politique. Il est vrai que certains milieux ne lui pardonnaient pas sa position sur l'Indochine, et notamment d'avoir dit, un jour :

« L'Indochine suivra son évolution vers une liberté plus complète de ses habitants. »

Pour beaucoup, il représentait un danger d'autant plus grand qu'on venait de l'envoyer en Afrique du Nord, ce qui présentait le risque de le voir y distiller le même genre de messages…

De là à commettre un crime…

Le mystère qui recouvre les dernières secondes du vol du Mitchell est lié à cette hypothèse. Car on n'a jamais su si l'avion avait éclaté sous l'effet d'un choc violent à 400 km/h et de son écrasement au sol ou s'il avait explosé en vol.

Restent quelques questions qui mettent plus en cause la fatalité ou la responsabilité de Leclerc lui-même : pourquoi l'a-t-on laissé prendre son avion alors qu'un JU 52 avait été désigné pour l'amener à Colomb-Béchar ? Pourquoi Delluc a-t-il pris la responsabilité de décoller alors qu'un autre pilote, un Saharien averti, venait de lui dire : « On ne vole pas par un temps pareil » ?

Quand il n'y a pas de réponse à certaines questions trop cruelles, on évoque la fatalité, et c'est parfois mieux pour tout le monde.

Marilyn Monroe

La légende défigurée

Ce samedi 4 août 1962, à Los Angeles, il est près de minuit et le concert que donne l'orchestre d'Henry Mancini, dans le grand amphithéâtre du Hollywood Bowl noir de monde, n'est pas encore terminé.

Quelques remous et des chuchotements viennent troubler l'attention des spectateurs qui sont assis dans l'enceinte réservée aux VIP et des possesseurs de billets achetés aux prix les plus élevés. On est en train de faire passer un message urgent à quelqu'un. L'homme se lève, va téléphoner puis revient chercher sa compagne et l'entraîne derrière lui avant de monter précipitamment dans sa voiture.

Dans les heures qui suivent, d'autres personnes vont être ainsi tirées de leur lit pour la même raison : des détectives privés, deux médecins, un avocat célèbre et des personnalités du monde du spectacle.

Un acteur d'autant plus connu qu'il est le beau-frère du président Kennedy téléphone à Washington et son appel déclenche en cascade d'autres coups de téléphone. Dans leurs villas du bord de plage, les voisins de cet acteur sont réveillés par l'atterrissage d'un hélicoptère.

Peu après, une ambulance arrive devant une maison toute simple de cette banlieue chic. Le conducteur de cette ambulance déclarera plus tard ne conserver aucun souvenir d'avoir effectué ce trajet…

Officiellement, personne ne reconnaîtra avoir été au courant des événements qui se sont produits cette nuit-là.

Pourtant, le drame qui a déclenché ces allées et venues va faire la une de toute la presse mondiale : Marilyn Monroe vient de mourir à trente-six ans.

Le dimanche matin, de bonne heure, le docteur Thomas Noguchi, jeune médecin légiste, assistant du Coroner, trouve sur son bureau un mot de son patron, le priant de procéder à l'autopsie du cadavre de Marilyn Monroe. Un adjoint du District Attorney, expert légiste, doit assister à l'opération.

L'enquête est rapidement confiée au Chief Police, William Parker, dont on vante la réputation de clairvoyance et d'intégrité. Les enquêteurs accordent à cette affaire une attention toute particulière et, dans ce but, s'efforce de déléguer les hommes les plus compétents dont il peut disposer, y compris des inspecteurs du bureau central de Los Angeles ; cela à cause des relations étroites que Marilyn a entretenues avec les frères Kennedy, lesquelles ne constituaient un mystère pour personne.

Admirateur des Kennedy, William Parker craignait que les républicains ne profitent de l'occasion pour tenter de les discréditer. Il craignait aussi des pressions exagérées de ses supérieurs, tant le sujet était sensible.

Le fait qu'il ait confié très vite qu'il serait sans pitié s'il découvrait la moindre manigance autour de la mort de Marilyn prouve au moins une chose : dès les premières heures, cette mort a paru suspecte.

Suicide ? Accident ? Crime ? À ce jour, les trois scénarios restent plausibles et personne n'a pu trancher.

Comme toujours, c'est dans la vie, et surtout dans les derniers mois de celle de Marilyn Monroe, autant que dans sa mort, qu'il faut chercher un semblant d'explication.

Des centaines de milliers de pages ont été écrites sur cette vie et sur cette mort. Toutes les suppositions possibles et imaginables ont été formulées, des centaines de témoins ont parlé. Aussi paraît-il inutile de rappeler le contexte ayant entouré ce 5 août 1962.

Essayons, plus simplement, de nous remémorer ces années-là, et les mois qui ont précédé la date fatidique.

Marilyn est alors la star des stars, la femme la plus célèbre et la plus désirée au monde. Elle est aussi, et ce n'est pas négligeable, une formidable actrice, assumant si bien certains rôles que son talent parvient à percer sous sa beauté. Des films tels *Sept ans de réflexion*, *Certains l'aiment chaud*, *Bus Stop*, *La Rivière sans retour*, *Les Désaxés* ou *Les hommes préfèrent les blondes* l'ont placée au firmament du cinéma américain.

Paradoxe : l'actrice est adulée, sa beauté intouchable est vénérée mais la femme est aussi esseulée que possible. Ce qui ne veut pas dire qu'elle soit seule. Tant d'hommes se pressent autour d'elle. Tant d'hommes se damneraient pour une nuit avec elle. Mais c'est tout.

Depuis qu'elle a divorcé de Joe DiMaggio, le seul homme qui l'ait vraiment aimée pour elle-même et qui ait continué de l'aimer après leur divorce, sa vie sentimentale est un désert.

Elle a multiplié aventures et liaisons, sans grand bonheur. En épousant l'écrivain américain Arthur Miller, elle a cru passer un cap, et espéré que plus personne ne la considérerait comme une ravissante idiote.

Elle espérait surtout que son mari l'aimerait assez pour lui inculquer un peu de cette culture qu'elle ne possédait pas et qu'il la guiderait dans son monde, en faire, enfin, la femme qu'elle méritait d'être. Car, idiote, elle ne l'est pas, loin de là. Simplement, elle n'a pas fait d'études et ne connaît que ce que la vie lui a appris, c'est-à-dire rien qui soit proche de la littérature, de la musique, de la peinture ou de la poésie.

Elle l'espérait à tort, car Arthur Miller ne s'intéressait pas à la culture de sa femme, et pour tout dire, il ne s'intéressait pas beaucoup à sa femme. En dehors des soirées où il pouvait la montrer à son bras, il n'avait guère de temps pour lui faire la conversation. Miller était si détaché des contingences conjugales qu'il avait laissé Marilyn seule avec Yves Montand, deux ans plus tôt, dans un motel d'Hollywood où ils étaient logés pendant le tournage du *Milliardaire*. Montand était un séducteur, Marilyn une jeune femme en manque d'amour, donc une proie facile.

Ce qui devait arriver arriva : une brève aventure pour lui, une cruelle déception pour elle. Elle aurait du mal à s'en remettre, plus même qu'on ne le croyait. Elle avait cru vivre le début d'une passion, Montand la renvoya à ses rêves brisés, qualifiant son attachement de

« béguin d'écolière ». Comme tout le monde était au courant, Arthur Miller fut vexé malgré tout, et demanda le divorce. Elle se retrouva de nouveau seule, si l'on considère toutefois qu'avec Miller elle ait jamais formé un couple.

Il lui fallait meubler cet ennui, lutter contre cette déprime de tous les jours et de toutes les nuits, s'évader grâce à des médicaments de toutes sortes, antidépresseurs et anxiolytiques, somnifères et pilules pour perdre du poids, ou aller se perdre dans les bras d'hommes, qu'elle connaissait parfois à peine, des bras dans lesquels la jetaient le plus souvent des amis bien intentionnés, comme Frank Sinatra.

Sinatra, justement, l'ami de Peter Lawford, acteur lui aussi et, surtout, beau-frère de John Fitzgerald et Robert Kennedy. Le président et son ministre de la Justice. Deux frères devenus, depuis novembre 1960 et l'élection de John, les patrons incontestés des États-Unis. Tellement sûrs de leur pouvoir que Robert a vite entrepris de s'attaquer à la mafia, avec tout ce que cela comporte de risques.

Par l'intermédiaire de Peter Lawford, Frank Sinatra, dont nul n'ignore les liens privilégiés avec la mafia, et qui joue là un rôle de messager, lui fait savoir qu'il devrait montrer moins d'acharnement envers des gens puissants, eux aussi, qui ont un certain nombre de cartes en main et sont capables de frapper fort quand on les menace. Une réunion est organisée avec Sinatra dans le bureau présidentiel. Le chanteur passe son message avec le tact nécessaire, d'autant qu'il connaît bien les deux frères. Il a déjà organisé en leur honneur quelques fêtes privées avec de jolies filles dociles.

Quelques jours après leur entretien, il invite les Kennedy à une soirée très privée et précise : « Il y aura Marilyn Monroe. » Ce ne sera pas la première rencontre entre John et Marilyn, mais de loin la plus intime et celle qui aura le plus de conséquences.

Dans la nuit, ils deviennent amants, le début d'une liaison à la fois torride et inégale. John Kennedy ne cherche que du sexe et de la détente dans une relation qui prend une importance démesurée pour Marilyn. Arrive le moment où elle ne se satisfait plus de rendez-vous à 3 heures du matin, d'escapades chronométrées dans des hôtels où une voiture vient la déposer en pleine nuit, incognito, avant de la raccompagner au petit matin.

Ce qu'elle veut, c'est vivre avec lui, et même l'épouser ! Elle en parle sereinement lors d'un dîner organisé par Bing Crosby, suggérant à John, devant tous les invités, de divorcer de Jackie rapidement. Celui-ci fait comme s'il avait entendu une plaisanterie un peu lourde et passe à autre chose.

Même s'il ne reparle pas de l'incident à Marilyn, il a compris cette fois qu'il fallait s'éloigner peu à peu et surtout ne pas s'enliser dans cette situation qui risque de devenir très dangereuse. Désormais, c'est sa logique qui va lui dicter sa conduite. Et sa logique lui dit que Marilyn est une femme dont la personnalité est en pleine désagrégation. Sa consommation de médicaments et d'alcool est terrifiante. Elle ne parvient plus à respecter la consigne aussi simple et claire que celle de s'abstenir de chercher à monter à bord de l'avion présidentiel. Il va falloir mettre un terme à cette liaison car, manifestement, Marilyn est capable de dire ou de faire n'importe quoi.

Le président voit juste, il va en avoir, hélas, la preuve le 19 mai 1962 lors de la grande soirée organisée devant vingt mille personnes au Madison Square Garden de New York pour célébrer son quarante-cinquième anniversaire. C'est Peter Lawford qui a demandé à Marilyn de venir chanter « Happy Birthday » ce soir-là, une bien mauvaise idée qui a exaspéré Robert Kennedy ; le frère du président ne décolère plus.

Cela fait plusieurs semaines que Robert joue les intermédiaires pour John et qu'il rencontre régulièrement Marilyn. Il est chargé de la convaincre d'accepter une rupture en douceur et de s'éloigner du président, pour le bien du pays et de l'homme qu'elle aime. Robert n'a pas beaucoup avancé dans son entreprise, même s'il s'est rapproché de l'actrice. L'invitation à venir chanter pour le président est un bonheur pour Marilyn et une erreur catastrophique selon Robert : voilà qui ne l'aide pas vraiment dans sa mission.

Ce soir-là, elle apparaît sur la scène « vêtue » d'une robe que l'on croirait cousue sur elle. Elle chante, ou plutôt elle susurre, des « Happy Birthday, Mister President » et donne la sensation à toute la salle qu'elle est en train de faire l'amour.

Dans la loge présidentielle, Robert écume de rage : « Elle est complètement folle ! Autant crier au monde entier qu'elle est ta maîtresse ! » John reste impassible. Il sait que le monde entier verra ces images, entendra cette voix.

La décision était prise : maintenant il faut couper les ponts. Plus jamais, après cette soirée, Kennedy ne reverra Marilyn. Robert, lui, la voit de plus en plus souvent. A priori pour l'amadouer et l'empêcher de faire du scandale. Une fois de plus, elle a été abandonnée par un homme, jetée comme un mouchoir en papier dont on n'a plus l'usage. Cette fois, elle ne peut le supporter. Elle pleure au téléphone pendant des heures, réveille ses amis au milieu de la nuit, débarque chez son psychiatre, Ralph Greenson, à n'importe quelle heure, appelle le bureau présidentiel plusieurs fois par semaine, sous son nom de code, mais plus personne n'est là pour lui répondre. Alors, elle relance Frank Sinatra, Peter Lawford, qui ont un lien avec l'homme qui ne veut plus d'elle. Elle s'accroche à Robert jusqu'à le considérer comme un substitut de son frère. Elle s'offre à lui et il cède, vaincu par son désir et le mince espoir de pouvoir la contrôler.

Les derniers jours sont pathétiques. Robert est vu, l'après-midi encore, entrant chez Marilyn. Le soir, elle téléphone à son amie Pat Newcombe. Elle gémit, s'étrangle de chagrin, maudit les hommes plutôt que l'amour.

Puis, à 19 heures, elle appelle son psychiatre : « Est-ce vous qui m'avez pris mon flacon de Nembutal ? » Surpris, le docteur Greenson nie, et c'est alors qu'elle lâche, entre deux sanglots, cette phrase déchirante qui résume tant de souffrance : « Je me sens comme un morceau de viande qu'ils se refilent de main en main. »

Qui sont ces « ils » ?

Vers 3 h 30 du matin, selon la version officielle, le téléphone sonne à nouveau chez le docteur Greenson. La gouvernante a remarqué que la lumière est allumée dans la chambre de Marilyn. Le psychiatre arrive sur place quelques minutes plus tard et comprend tout de suite que Marilyn est morte. L'autopsie confirmera le sentiment qu'il éprouve à la vue de plusieurs flacons de médicaments vides.

Suicide ? Accident ? Assassinat ? Ce dernier mot va être lâché, ou plutôt chuchoté, dans les jours qui suivent. Ce qui paraît très étonnant quand on sait que personne à Hollywood n'ignorait l'état dépressif de la star, que beaucoup connaissaient sa mise à l'écart par le président, et que ses nombreuses tentatives de suicide au cours des dernières années n'étaient un secret pour personne.

Mais tellement d'éléments troubles viennent semer le doute dès les premiers instants.

Au milieu de la nuit, les voisins ont entendu atterrir un hélicoptère. Interrogé, le pilote confirmera qu'il a déposé, puis repris, deux heures plus tard, quelqu'un de très important.

Il y a ces menaces dont Marilyn se plaignait depuis quelques semaines et, surtout, il y a eu l'autopsie.

5 août, 10 h 30 du matin. Six heures après l'annonce officielle de la mort de Marilyn, la femme la plus désirée au monde, son cadavre gît sous un drap de plastique dans la longue salle sans fenêtres des sous-sols du palais de justice de Los Angeles.

Eddy Day, assistant du docteur Noguchi, chargé de l'autopsie, a préparé Marilyn sur la table 1, une plaque d'acier inoxydable équipée d'un système d'arrivée d'eau et d'évacuation ainsi que d'une balance destinée à peser les organes.

Noguchi va travailler sur Marilyn pendant des heures pour arriver à la conclusion qu'elle était, malgré tous ses excès, plutôt en bonne santé au moment de sa mort. Hormis quelques bleus, que l'on pouvait supposer dus à des chocs contre des meubles, il n'y avait pas de traces de violence physique. Sachant que l'on avait retrouvé des flacons de médicaments vides sur la table de nuit, Noguchi attendait beaucoup de l'analyse toxicologique. Il n'avait pas tort. En effet, si les résultats devaient indiquer qu'elle n'avait pas bu d'alcool, ils souligneront les doses massives de barbituriques retrouvés dans son corps.

Marilyn avait avalé dix fois la dose normale de Nembutal, vingt fois celle recommandée pour l'hydrate de chloral, un somnifère, ce qui est phénoménal. L'une ou l'autre substance, prise dans de pareilles proportions, pouvait être fatale. Leur association, pire encore.

Outre un grand nombre d'erreurs commises par les policiers chargés de dénombrer tous les éléments intéressants figurant dans la chambre de l'actrice (le labo n'a pu étudier que huit flacons de médicaments alors qu'il y en avait vingt, comment Marilyn a-t-elle pu ingurgiter autant de capsules alors qu'elle n'avait auprès d'elle ni eau, ni carafe, ni verre ?), qui ne font que renforcer les doutes sur l'hypothèse d'un suicide sans apporter de preuves accablantes d'un éventuel assassinat, on est obligé de tenir compte au moins d'un élément capital.

Il est impossible que Marilyn Monroe ait absorbé par voie orale tous les produits retrouvés dans son corps.

Et c'est impossible pour plusieurs raisons.

Souvenez-vous de ce que disait le docteur Noguchi : « Le sang de Marilyn Monroe contenait assez de substances toxiques pour tuer trois personnes. »

Marilyn ne pouvait avoir pris ces doses massives, d'abord parce qu'elle n'avait pas assez de cachets auprès d'elle. Selon les fabricants du somnifère, le Nembutal, il aurait fallu qu'elle en absorbe plus de quatre-vingt-dix capsules pour atteindre le taux extravagant de 4,5 % retrouvé dans son sang. Or, elle n'en avait que vingt-deux à sa disposition. Et il en restait une bonne dizaine dans le flacon posé sur sa table de nuit, ainsi que d'autres somnifères qu'elle n'avait donc pas utilisés.

Les policiers découvrirent également dix comprimés restant d'un flacon de cinquante cachets d'hydrate de chloral, qui aurait été prescrit le 31 juillet. Si elle avait voulu se suicider, pourquoi laisser dix cachets ? D'autre part, comme elle prenait régulièrement quatre à six cachets chaque nuit pour éviter l'insomnie, il ne lui restait plus qu'une vingtaine de cachets. Et comme il y en avait encore dix dans le flacon... Les chimistes du médecin légiste de Los Angeles ont estimé qu'il aurait fallu cinquante à soixante-dix cachets d'hydrate de chloral pour atteindre le taux relevé dans son sang au moment de sa mort.

Il se précise de plus en plus que l'actrice est morte des effets d'une ou peut-être deux injections massives.

Autre point : si Marilyn avait ingéré un si grand nombre de cachets, on aurait de toute évidence retrouvé des résidus dans son estomac.

En 1964, un des experts les plus réputés au monde en matière de médecine légale, le docteur Keith Simpson, étudia le retour d'autopsie. Sa conclusion : « Les taux de barbituriques dans le sang et le foie auraient dû impliquer une certaine quantité de résidus. Et pourtant, rien n'a été trouvé. »

Même conclusion pour le vice-procureur John Miner qui enquêta sur la mort de l'actrice : « Un examen rapide des reins de Marilyn montra qu'ils ne contenaient pas de traces de médicaments. Cela aurait dû indiquer aux enquêteurs que la substance mortelle n'était pas passée par son estomac. Et le seul moyen pour que cela soit possible était une piqûre. »

L'une des confusions – volontaire ? – vient de la mauvaise compréhension et de la mauvaise interprétation de ce qu'avait découvert le docteur Noguchi. Il faudrait attendre vingt ans et le départ d'une nouvelle enquête pour que ses déclarations soient reproduites exactement. Il n'avait jamais dit ni écrit que Marilyn était morte « après avoir ingéré une dose fatale de somnifères ». Dès le début, il fut sceptique. « Marilyn Monroe aurait dû ingurgiter un grand nombre de cachets pour se tuer, c'est ce que j'ai toujours pensé et dit, je le confirme aujourd'hui. »

Le plus convaincant des arguments contre la thèse du suicide ou de la mort accidentelle (mais ça, on n'y croit plus depuis longtemps !), vient, paradoxalement, de l'équipe d'enquête sur les suicides… « Marilyn Monroe aurait dû avaler tous ces cachets en quelques minutes, quelques très courtes minutes, dit Robert Litman, le psychiatre qui dirigea l'équipe. Si elle avait pris quelques cachets à la fois, elle aurait été inconsciente bien avant d'avoir ingéré la quantité nécessaire pour atteindre le taux de barbituriques trouvé dans son sang. »

Son psychiatre, Ralph Greenson, écarta d'autorité la thèse du suicide : « Le suicide n'est pas envisageable dans ce cas », dit-il à l'équipe chargée de l'enquête.

Lors de ses discussions avec le vice-procureur John Miner, il se montra aussi véhément : « Ma patiente ne s'est pas suicidée. »

« J'ai interrogé le docteur Greenson pendant plus de six heures, devait déclarer Miner. C'est l'officier dirigeant l'enquête médicale qui me l'avait demandé. J'en suis ressorti convaincu que l'actrice ne pouvait pas s'être donné délibérément la mort. Et c'est exactement ce que j'ai écrit dans mon rapport. »

Le mémoire disait entre autres : « D'après les informations que j'ai obtenues en tant qu'assistant du procureur, je ne peux que conclure que Marilyn Monroe ne s'est pas suicidée. »

Le rapport Milner disparut. Curieux ? Tant de choses sont curieuses dans cette mort. Les notes de Noguchi ont été égarées, ses demandes d'analyses supplémentaires n'ont pas été suivies d'effet, une ordonnance a été falsifiée, des cachets ont disparu, les traces de deux piqûres au moins que Marilyn avait reçues vingt-quatre heures plus tôt n'ont jamais été détectées, ce qui permet d'affirmer qu'il n'y a pas eu de piqûre mortelle puisqu'il n'y avait pas trace d'une quelconque piqûre !

Thomas Noguchi – encore lui –, qui s'est révélé être au fil des années un personnage curieux, admit sur le tard avoir découvert des éléments indiquant un maquillage des faits : « J'ai effectivement trouvé des traces de violence. Elle avait des bleus dans le bas du dos – des bleus tout récents – et d'autres aux bras. » Que ne l'a-t-il dit au mois d'août 1962 ! Nous avons vu plus haut qu'il était à l'époque bien plus modéré quant aux traumatismes subis par l'actrice. Pressions ? On peut le supposer. Vingt ans plus tard, les pressions ne sont plus les mêmes et ne pèsent pas d'un pareil poids, d'autant que, souvent, ceux qui pouvaient intimider les témoins ne sont plus là…

Ainsi, en 1982, lors d'une interview sur la chaîne KABC de Los Angeles, le docteur Noguchi déclara : « Il a pu y avoir meurtre. » Et, dans la foulée, il demanda une nouvelle enquête scientifique sur le décès. À croire que la sienne ne le satisfaisait pas. Ça, on l'avait compris. Toujours est-il que ce ne fut jamais accordé.

Une fois exposés les principaux éléments qui indiquent que Marilyn a été assassinée, il reste à savoir comment et par qui. Nous pourrions ajouter pourquoi ? Mais il semble que dire qui, c'est en même temps dire pourquoi.

Comment Marilyn est-elle morte ? Il est certain qu'elle n'a pu être tuée qu'avec bon nombre de complicités, et c'est d'ailleurs ce qui donne à cet assassinat l'aspect d'un complot.

Il y a la version officielle des circonstances de cette mort, ce sont celles que nous avons signalées plus haut. Après plus de trente ans d'enquêtes et de contre-enquêtes de journalistes et d'écrivains, après l'ouverture d'une nouvelle enquête officielle en 1982, avec de nouveaux témoignages, il apparaît que les circonstances de la mort de Marilyn Monroe sont très différentes de ce qui a été annoncé rapidement en août 1962.

Marilyn Monroe est morte vers 22 heures, et on organise alors un des camouflages les plus compliqués de l'histoire d'Hollywood.

L'attaché de presse Arthur Jacobs quitte précipitamment sa loge au Hollywood Bowl juste après 22 h 30 et gagne la maison de Brentwood pour vider les lieux de tout document accusateur. Il est possible, mais pas prouvé, qu'il ait détruit un texte écrit par Marilyn concernant ses relations avec les Kennedy. C'est lui qui avait reçu le mystérieux coup de téléphone en plein concert, que nous évoquions plus haut.

À la même heure, un hélicoptère se posait sur la plage près de la maison des Lawford et embarquait Bobby Kennedy qui, selon un témoin, portait un pantalon de sport et un sweat-shirt. Après avoir menti pendant vingt-trois ans sur la chronologie des événements de cette nuit, la gouvernante, Eunice Murray, finit par admettre en 1985 :

« Les flics ont été appelés plusieurs heures après la mort de Marilyn, parce qu'il fallait faire place nette et donner à Bobby le temps de quitter la ville. »

Cela explique pourquoi ce n'est qu'aux premières heures du 5 août que le sergent Jack Clemmons, qui assurait la permanence du poste de police de Los Angeles Ouest, reçut un appel lui annonçant : « Marilyn Monroe est morte, elle s'est suicidée. » Il était 4 h 25.

Le docteur Greenson avait été appelé juste après 23 heures. Arriva ensuite une délégation de la Twentieth Century Fox : Frank Neill et John Campbell.

L'enquête rouverte en 1982 révéla que Peter Lawford, le beau-frère des Kennedy, resta sur place pendant des heures, dirigeant probablement le nettoyage. À 6 h 05, heure de Los Angeles, il téléphona de chez lui, à Santa Monica, au président, et ce pendant vingt minutes, pour lui faire un rapport sur l'évolution de la situation.

Certains enquêteurs soulignèrent que la trace de cet appel pourrait être finalement « le pistolet qui fume encore » – le lien entre la mort de Marilyn et l'administration d'un président en exercice. Elle désigne aussi Peter Lawford comme l'architecte de la mise en scène. Un policier entendit Lawford passer un coup de téléphone bien plus tôt encore, depuis l'appareil de la chambre de Marilyn, mais il n'existe pas de registre à la Maison Blanche pour ces heures-là. En revanche, il serait apparu sur les relevés téléphoniques de Marilyn, si elles n'avaient pas disparu des archives de la compagnie du téléphone…

La nuit étant calme, le sergent Clemmons décida de se rendre sur place lui-même. En arrivant devant la maison de Marilyn, rien n'indiquait qu'un drame venait de s'y dérouler. Tout était tranquille.

La rue désertée indiquait elle aussi l'organisation d'une bonne mise en scène.

S'il était arrivé à 1 heure du matin, il aurait trouvé beaucoup plus d'activité dans la même impasse. À ce moment-là, Arthur Landau, un homme d'affaires de Los Angeles, voisin de Marilyn, arriva chez lui et trouva la rue pleine de véhicules. Il vit une Mercedes, un break, une petite décapotable étrangère et deux voitures ordinaires qui avaient l'apparence de voitures de police banalisées. Quand Landau eut garé sa voiture, il tenta d'en savoir plus. « Ne vous en faites pas », lui répondit un des hommes qui gardaient le portail de la maison de Marilyn.

Bien sûr, il allait mieux comprendre le lendemain matin en allumant la radio. Ce qu'il n'a jamais compris en revanche, c'est le décalage entre l'heure réelle de la mort de Marilyn et l'heure qui a été annoncée officiellement.

« Les types qui l'ont tuée sont ceux qui ont pris les archives du téléphone, affirme le sergent Jack Clemmons. Qui d'autre aurait pu savoir ? »

Le docteur Greenson peut-il avoir été mis dans le secret de cette opération des agents fédéraux ? C'est fort possible, car il était l'un des premiers sur place et il a bien fallu faire avec lui. En revanche, une chose est sûre : il ne peut être complice de quoi que ce soit. Il aimait trop Marilyn. D'ailleurs, après avoir cru à la version du suicide qu'on lui avait présentée sur un plateau, il a été très vite convaincu qu'il s'agissait d'un meurtre. Disons que, lorsqu'il a appris ce qui se jouait, il était trop tard pour l'arrêter.

Quand le sergent Clemmons découvrit qu'il avait été prévenu avec plusieurs heures de retard de la mort de Marilyn, il demanda à Greenson ce qu'il s'était passé pendant ces longues heures, et le psychiatre répondit de façon mystérieuse : « Je ne peux l'expliquer sans révéler des choses que je ne veux pas révéler. On ne peut tracer une ligne dans le sable et dire : "Je vous dis ça, mais je ne vous dis pas ça." C'est terrible d'avoir à répondre : "Je ne peux vous parler de ça parce que je ne peux vous raconter toute l'histoire." Écoutez, conclut-il sur un ton de conspirateur, allez parler à Bobby Kennedy. »

Qu'aurait raconté Bobby ? Comment Marilyn a été assassinée ?

Après la réouverture de l'enquête en 1982, grâce aux nouveaux éléments apportés, on sait dans les grandes lignes comment les événements se sont déroulés ce jour-là.

Les faits qui conduisirent au meurtre de Marilyn Monroe commencèrent le vendredi 3 août au matin. Après que les collaborateurs du ministre de la Justice eurent transmis les messages inquiétants que Marilyn avait laissés à l'hôtel Saint Francis, Robert Kennedy dut comprendre qu'elle était prête à révéler publiquement ses liens avec la famille. Comme il refusait de lui parler au téléphone, Marilyn répliqua avec une agressivité qui surprit le ministre de la Justice. Dans ses appels à Pat Lawford, à Earl Wilson et à d'autres, elle montra une détermination et une colère toutes nouvelles.

Ébranlé par la facilité avec laquelle elle l'avait trouvé à San Francisco, Kennedy lui promit probablement de prendre l'avion pour Los Angeles le samedi matin. Il est tout aussi probable que Marilyn menaça de convoquer une conférence de presse, de révéler ses deux liaisons – car il apparaît véridique qu'elle en avait aussi une avec Bobby, le consolateur ! – et de livrer à la presse des extraits des blocs-notes où elle avait consigné tous les détails de ses aventures sentimentales, comme ce que ses amants lui avaient parfois confié depuis des mois.

Elle avait ainsi déclaré à Robert Slatzer : « Je vais faire sauter le couvercle de toute cette affaire. » À l'appui de sa provocation, elle avait lâché : « La CIA a le projet d'assassiner Fidel Castro avec l'aide de la mafia. Et je sais bien d'autres choses. » Stupéfait, Robert Slatzer tenta de la mettre en garde : « Ce genre d'information pourrait te faire tuer. » La scène se passait sur les rochers dominant Malibu en juillet 1962.

Accompagné de membres de sa garde personnelle, Robert se précipita chez Lawford pour une réunion stratégique. Puis il rappela Marilyn qui, de plus en plus furieuse, lui aurait dit de sortir de sa vie.

En dernier recours, Kennedy alla chercher un médecin de famille à Beverly Hills et se rendit à Brentwood vers 18 h 30. Le médecin administra à Marilyn un puissant sédatif.

Ces éléments sont aujourd'hui incontestés : des témoins oculaires ont vu Robert Kennedy chez Marilyn au moins une fois, et probablement deux, le soir de sa mort.

Hélas, lorsqu'il revint chez Lawford à 19 heures, Marilyn était déjà au téléphone, furieuse du traitement que lui faisaient subir les Kennedy. Elle riait, pleurait, menaçait, à demi hystérique, proche de l'état de rage dans lequel l'avait plongée Arthur Miller l'année précédente.

Pourquoi avons-nous écrit « hélas » ? Parce que c'est à ce moment que se joua le destin de la malheureuse.

Abasourdi, Robert appela le président à Washington et sa mère à Hyannis Port. C'est là, et seulement là, que la décision qui couvait et qu'il avait tenté jusqu'au bout de retarder fut prise.

Entre 19 h 30 et 21 heures, quelqu'un – qui n'était probablement pas seul – entra chez Marilyn Monroe et lui administra une forte injection de Nembutal dans le rectum ou sous le bras. Ce type de piqûre ne peut être détecté par une autopsie, qui n'avait même pas révélé de trace des piqûres reçues les jours précédents.

Marilyn Monroe est morte vers 22 heures. Commença alors le camouflage le plus rapide et le plus complexe de toute l'histoire.

« Il fallait d'abord utiliser chaque minute pour permettre au ministre de la Justice de quitter la ville avant que la mort soit annoncée officiellement », a raconté Deborah Gould, ex-épouse de Peter Lawford. La gouvernante devait dire la même chose, plus de vingt ans après.

Après, il fallait transformer l'assassinat en suicide et faire disparaître tous les éléments compromettants.

La preuve physique la plus évidente a échappé à presque tous ceux qui ont examiné les lieux : l'état de la chambre et du corps. Quand Eunice Murray, la gouvernante, et Ralph Greenson, le psychiatre, déclarèrent à la police que « rien n'était différent de l'ordinaire », ils mentaient sciemment.

Tout était différent. Marilyn a été retrouvée nue, toutes lumières allumées et rideaux ouverts dans la chambre. Or, elle ne s'endormait jamais nue, les épais doubles rideaux étaient tirés tous les soirs avant qu'Eunice Murray ne lui apporte un verre de lait et elle éteignait toujours la lumière avant de plonger dans le sommeil. Elle procédait à un rituel de coucher élaboré, qu'elle observait même si elle avait encore des coups de téléphone à passer. Avant de se mettre au lit, elle enfilait un soutien-gorge pour que sa poitrine ne tombe pas. Après, elle prenait son hydrate de chloral avec le lait, plaçait un masque sur ses yeux et des boules dans ses oreilles.

Elle ne fit rien de tout cela le dernier soir. Le fait qu'elle se soit endormie nue dans une pièce violemment éclairée aurait immédiatement dû amener Eunice Murray à penser qu'il se passait quelque chose de bizarre – à moins, naturellement, qu'elle n'ait été au courant de ce qui s'était passé.

« De hauts enjeux politiques ont pesé sur sa vie, et plus encore sur sa mort », déclarait Norman Mailer au moment de la parution de sa biographie[1]. On ne saurait être plus clair.

---

1. *Marilyn*, Grosset et Dunlap, 1973.

Marie-Antoinette Chaban-Delmas

Le journal disparu

12 août 1970, Paris

À Matignon, le Premier ministre travaille. Depuis le mois de juin 1969, le Premier ministre, c'est Jacques Chaban-Delmas, choisi par le président Pompidou après son élection. Le général de Gaulle a démissionné le 27 avril 1969, et c'est son ancien Premier ministre qui lui a succédé. Pour Jacques Chaban-Delmas, comme pour ses amis et partisans, c'est sans doute le même destin qui attend cet homme encore jeune, cinquante-quatre ans, et plein d'ambitions. Un homme qui, pour les Français, incarne à la fois la fidélité au gaullisme et le courage du combattant de la France Libre. Il possède aussi un charme indéniable et la modernité que le pays attend désormais de ses dirigeants.

Même écorné par les événements de mai 68, le mouvement gaulliste reste puissant, dominateur. Rien ne laisse penser que, dans les trente années à venir, il puisse être confronté à une concurrence sérieuse. Les socialistes n'existent pas, ou très peu, le communisme a ses limites et, à droite, seuls les indépendants emmenés par

Valéry Giscard d'Estaing pourraient représenter une force d'alternative. Mais on ne voit pas quelle force pourrait bientôt se substituer au gaullisme. Qui, après Pompidou ? Chaban, bien sûr, répondent en chœur ses partisans et amis. Et ils sont nombreux. Rien ne dit, évidemment, que Georges Pompidou, qui vient d'accéder au pouvoir, l'abandonnera de sitôt. Il arrivera, en 1976, à l'échéance de son premier mandat de président.

Chaban incarne aujourd'hui plus que jamais l'avenir de la France, l'avenir du gaullisme, ainsi que la promesse d'un pays plus jeune, plus conquérant, plus juste aussi. Sereinement, il met en place son projet de nouvelle société dont il ne sait pas, évidemment, qu'il sera jugé trop progressiste par le président et ses conseillers. Et qu'il lui coûtera trois ans plus tard son poste de Premier ministre.

Les années ont passé, mais personne en France n'a oublié que Jacques Chaban-Delmas a gagné ses galons de héros de la France Libre très jeune, et sur le terrain, au péril de sa vie. Né en 1915, fils de Pierre Delmas et de Georgette Barrouin, Jacques Delmas a étudié au lycée Lakanal, à Sceaux. Il est sorti diplômé de la faculté de droit de Paris et de l'École libre des sciences politiques, avant d'entamer une carrière de journaliste au journal *L'Information.* En 1938 et 1939, il effectue son service militaire et sort major de promotion de Saint-Cyr, ce qui lui permet de se trouver pendant la « drôle de guerre » au bataillon alpin. Il ne parvient pas à passer en Angleterre pour rejoindre le général de Gaulle, mais entre tout de même en contact avec la Résistance en décembre 1940. Pendant deux ans, il va travailler au ministère de la Production industrielle, mais toute son âme est tournée vers la Résistance, et il va profiter de ses fonctions importantes d'adjoint à l'Inspection générale des finances, à partir de 1942, pour fournir des renseignements économiques à la France Libre. C'est à cette époque qu'il prend le pseudonyme de Chaban pour passer régulièrement des renseignements, au péril de sa vie. Personne ne s'y trompe puisque, dès mai 1944, il est nommé délégué militaire national et général de brigade par le général de Gaulle. Il est à l'époque le plus jeune général nommé depuis le Premier Empire et participe à la libération de Paris en août 1944. Il a vingt-neuf ans.

Jacques Delmas, devenu Jacques Chaban-Delmas, est aussi devenu un héros. Et comme il est également beau garçon, c'est Alain Delon qui l'incarnera à l'écran dans le film *Paris brûle-t-il ?* À partir de là, sa carrière politique va être fulgurante. Il est élu député de la Gironde en 1946, mandat qu'il conservera jusqu'en 1997, puis maire de Bordeaux en 1947 – il le restera jusqu'en 1995. Il devient ministre de la Défense nationale et des Forces armées en 1957 et 1958, après avoir été ministre des Travaux publics, du Transport et du Tourisme en 1954 et 1955. Il est élu président de l'Assemblée nationale le 9 décembre 1958, et le restera jusqu'au 27 avril 1969, lorsque le général de Gaulle, battu au référendum, décidera de partir. Devenu Premier ministre, il figure très haut dans les sondages, un Premier ministre qui charme depuis longtemps les Françaises et les Français, le genre d'homme dont on se dit que rien de mauvais ne peut lui arriver.

12 août 1970, Urrugne (Pyrénées-Atlantiques)

« Quand je suis passé sur la route, j'ai vu une DS noire avec les deux portières droites arrachées et qui avait fait un tête-à-queue. Il y avait, sur le bas-côté, une forme inanimée sur laquelle étaient penchés deux hommes. J'ai d'abord cru que la victime était un homme, car elle portait un pantalon beige. Mais en m'approchant, j'ai vu qu'il s'agissait d'une femme… Elle avait perdu connaissance et une de ses jambes était en sang. Une ambulance est arrivée presque tout de suite et l'a emmenée à Saint-Jean-de-Luz. »

Chauffeur de taxi à Urrugne, M. Garmendia est le premier témoin de l'accident de voiture qui, dans l'après-midi du 12 août 1970, vient de coûter la vie à la femme du Premier ministre, Jacques Chaban-Delmas.

Il est un peu plus de 15 h 30, sur la nationale 10, quand la DS à bord de laquelle se trouvent le chauffeur, Marie-Antoinette Chaban-Delmas et son fils, Jean-Jacques Chaban-Delmas, vingt et un ans, aborde les dangereux lacets qui surplombent la « cuvette » de Béhobie, au lieu-dit « la côte de la Croix-des-Bouquets ».

Mme Chaban-Delmas vient de quitter sa propriété familiale d'Urrugne, où son mari doit prochainement la rejoindre pour les vacances. Soudain, en débouchant d'un virage, le chauffeur, Yves Léonard, quarante-quatre ans, est surpris par une longue file de voitures qui arrivent en face. Il freine aussitôt, mais trop brusquement, semble-t-il. La DS se déporte dans le virage, quitte la route, mord sur le bas-côté et termine sa course en rabotant un platane, avant de faire un tête-à-queue.

Le choc est terrible. Cramponné à son volant, le chauffeur s'en tire bien, et le jeune Jean-Jacques Chaban-Delmas n'est que légèrement blessé. Pour ce qui concerne sa mère, on comprend vite que c'est grave.

À la clinique Darricau de Saint-Jean-de-Luz, où elle a été transportée, on diagnostique non seulement une fracture ouverte de la jambe, mais aussi plusieurs fractures des vertèbres cervicales, avec écrasement du bulbe rachidien.

Assise à droite, du côté où a eu lieu le choc, la malheureuse était donc la plus exposée dans l'accident. Le résultat est là, terrible, et les médecins qui tentent aussitôt l'impossible doivent se rendre à l'évidence après un court combat : leur patiente vient de mourir sans avoir jamais repris connaissance.

Au moment où on lui apprend la nouvelle de l'accident, le Premier ministre travaille dans son bureau, à l'hôtel Matignon. Il quitte Paris en fin d'après-midi à bord d'un *Mystère 20* pour arriver à la clinique à 21 h 15.

Accompagné de son fils, il se recueille longuement dans la chambre où repose le corps de son épouse, puis va passer la nuit dans sa maison d'Ascain, dans les environs de Saint-Jean-de-Luz.

L'enquête est déjà commencée. Les soupçons – certains naturels, d'autres moins – vont apparaître à cause des circonstances du drame, et de tout ce qui l'a précédé depuis des années…

L'accident, d'abord. Dans les heures qui suivent, certains témoins évoquent une Ami 6 rouge venant d'en face et qui aurait déboîté pour doubler sa file. Pour éviter cette voiture, le chauffeur aurait fait un écart sur la droite, perdant du même coup le contrôle de son véhicule. Le conducteur de l'Ami 6, ignorant les conséquences tragiques de sa manœuvre de dépassement, ne s'est pas arrêté.

Quatre jours plus tard, le fameux conducteur est retrouvé et son témoignage le met totalement hors de cause. En revanche, il se souvient d'une DS noire circulant à vive allure et dont le chauffeur jouait de l'avertisseur comme s'il était extrêmement pressé. On se trouve alors confronté à une nouvelle ambiguïté : le chauffeur roulait-il trop vite ? et pourquoi ?

Considérant la violence du choc, l'état de la voiture, l'impossibilité qu'il y a eu à la contrôler, il paraît vite évident qu'elle roulait au-delà de la vitesse autorisée – 110 km/h – sur ce tronçon de la N10 tout en bosses et en lacets.

L'enquête démontre bientôt que le chauffeur avait ordre de conduire rapidement au train de Madrid, en gare d'Irun, le jeune Jean-Jacques Chaban-Delmas. L'oubli d'une valise, constaté vingt minutes plus tôt, alors qu'on avait déjà fait le trajet une première fois, avait obligé à retourner à Urrugne. À toute vitesse et en klaxonnant, avaient aussi remarqué les douaniers espagnols. Au moment de l'accident, il ne restait plus que quelques minutes avant le départ du train.

Autre élément troublant : la résidence du Premier ministre à Urrugne. On s'aperçoit qu'il en possède en fait deux dans le pays. L'une où vit sa femme, l'autre où il réside plus volontiers. Ce qui fait dire dans le pays que les époux Chaban-Delmas vivent dans la même commune, mais pas sous le même toit. Bientôt, les langues se délient : le ménage était désuni depuis plusieurs années – c'était notoire dans la région – et un divorce avait même été envisagé. De sérieux obstacles l'avaient fait différer, notamment l'état de santé de Mme Chaban-Delmas. Souffrant d'une grave dépression nerveuse, elle menait une vie retirée et ne participait plus aux activités officielles de son mari.

Marie-Antoinette Chaban-Delmas, qui vient de mourir, et qui est la mère de leur fils unique Jean-Jacques, n'est pas la première épouse de Jacques Chaban-Delmas. En effet, le Premier ministre a été marié une première fois en 1939, il avait alors vingt-quatre ans. Il avait épousé Odette Hamelin, fille du fondateur du journal *L'Information économique et financière*, où il avait débuté comme stagiaire en 1933, à l'âge de dix-huit ans, tout en poursuivant ses cours de Sciences Po et à la faculté de droit. Jacques Chaban-Delmas a toujours été précoce. En tout. Plus jeune général, plus jeune journaliste, diplômé très jeune de Sciences Po et de la fac de droit, il épouse donc en 1939 Odette. Ils auront assez vite trois enfants, Clotilde, Christian et Valérie. Clotilde est née en janvier 1940, alors que son père n'a pas encore vingt-cinq ans.

Si la vie familiale de Jacques Delmas va basculer en pleine guerre, on pourrait tout autant avancer qu'elle a basculé quelques années plus tôt, lorsqu'il a commencé à jouer au tennis au Racing Club de France avec une très jeune femme, Marie-Antoinette Ion. Que s'est-il passé entre eux à ce moment-là ? Nul ne le sait, et peut-être personne ne l'aurait-il jamais su si la guerre ne les avait réunis en 1943 à Londres. Les jeunes gens se retrouvent régulièrement, le soir venu, et chacun sait alors dans leur entourage qu'il se passe quelque chose entre eux. Tout le monde sait aussi que Chaban est marié, père de trois enfants, qu'une autre vie l'attend en France, et qu'il devra trancher à un moment ou un autre, lorsque la guerre sera terminée.

Savoir trancher est une des premières qualités du jeune homme. Il n'a pas de ces pudeurs qui freinent certains et les font vaciller des années sans parvenir à choisir. La preuve, dès début 1945 : Chaban déserte le domicile conjugal pour aller retrouver Marie-Antoinette. Cette fois-ci, les choses sont claires. Deux ans plus tard, il se remarie, le 23 mai 1947, avec cette petite blonde plantureuse aux yeux verts, d'origine franco-roumaine, toujours très coquette. Outre son élégance un peu convenue, on signale le bon goût classique de Marie-Antoinette, la qualité de ses conseils et la sûreté de son jugement sur les êtres. Autant de qualités qui ne peuvent que servir Chaban dans la trajectoire politique qu'il a entamée. Pour son bonheur, Marie-Antoinette Chaban-Delmas avait appris très tôt à connaître son mari, sa capacité à changer de direction d'un jour à l'autre, à suivre ses élans. Elle était consciente de la force qui émanait de lui et lui permettait de vivre ses enthousiasmes à fond, comme ses passions. Elle savait son refus de tricher, son aptitude à poursuivre jusqu'au bout ses quêtes et ses buts. Même quand il estimait que ses bonheurs à venir pouvaient blesser des êtres qu'il avait aimés, et qu'il aimait encore, mais différemment.

Marie-Antoinette le savait, mais, après des années de bonheur et de sérénité, alors qu'elle avait contribué par son intelligence et son amour à la carrière fulgurante de son mari, elle n'imaginait pas à quel point cela pouvait menacer son couple. Elle s'était donc trompée et, depuis quelques années, le payait très cher.

La dépression l'avait frappée deux ans plus tôt, à la suite d'une scène très pénible, sans doute la contrariété de trop pour cette femme aux nerfs déjà fragiles. D'abord, elle avait été envoyée en Suisse, dans une clinique spécialisée dans les cures de repos. À son retour, elle avait dû suivre un long traitement prescrit par le docteur L., un ami de son mari. Traitement qui n'avait pas obtenu les effets escomptés. Changée, amaigrie, cloîtrée chez elle, refusant de voir quiconque, protégée à tout instant par une infirmière, Marie-Antoinette n'était plus que l'ombre d'elle-même.

On comprend mieux pourquoi la France entière, découvrant les aspects cachés de la vie privée de son Premier ministre, s'interroge sur les tenants et aboutissants de l'accident. Il en va souvent ainsi lorsque les choses ont longtemps été tues et qu'elles se trouvent dévoilées à l'occasion d'un drame : mille questions surgissent, et autant de soupçons, étant donné qu'il y a déjà eu un précédent dans la dissimulation. Ce que les habitants d'Urrugne et de la région savaient, les Français l'ignoraient. Découvrant la vérité, ils commencent à s'interroger, notamment sur les causes réelles de l'accident.

Bientôt ils apprennent que, dans la vie de Jacques Chaban-Delmas, il y a une autre femme. Michèle Chavelet lui a été présentée en 1964 par son ami François Mitterrand. Les Français découvrent alors la raison de l'état de santé inquiétant de Mme Chaban-Delmas dans les deux années qui ont précédé sa mort.

Bien sûr, le chagrin du Premier ministre n'est pas feint. Il conservait une profonde affection pour celle avec qui il a tant partagé et qui lui a donné un fils, Jean-Jacques. Mais il y a cet accident. Est-il vraiment survenu en raison d'un excès de vitesse dû à l'oubli d'une valise ? Ou un autre événement grave l'a-t-il précédé ?

En août 1970, Jacques Chaban-Delmas est Premier ministre depuis un peu plus d'un an. Il mène une double vie sentimentale et ne peut envisager de laisser apparaître son secret au grand jour, tant le risque est grand de voir sa carrière politique brisée du jour au lendemain. Mais, du côté d'Urrugne, il y a une femme délaissée et malade. Une épouse à bout qui, à en croire sa femme de chambre, Simone Buret, a pour unique consolation son journal intime.

Dans sa maison d'Urrugne ou dans son appartement de l'avenue Raymond-Poincaré, lui aussi déserté par son mari qui s'est installé rue du Docteur-Blanche, Marie-Antoinette enferme chaque soir dans un coffre-fort le journal recelant les petits événements ou sensations de sa journée. La clé ne la quitte jamais, glissée dans un petit sachet noir qu'elle emporte dès qu'elle sort. Elle s'y trouve lors de l'accident fatal du mois d'août 1970.

La nuit venue, le corps ayant été ramené à Urrugne, Jacques Chaban-Delmas vient y apporter son chagrin. Il est debout dans la chambre, immobile, silencieux, appuyé à une cloison de la pièce. Il regarde, pensif, lointain. Soudain, sa voix trouble le silence : « Simone, où est le sac de madame ? »

Treize mois plus tard, le 24 septembre 1971, il épouse Michèle à la mairie de Bordeaux. Personne n'a plus jamais entendu parler du journal intime de Marie-Antoinette Chaban-Delmas.

Maria Callas

Un silence de mort

Le 16 septembre 1977, la vie de Maria Callas, cinquante-trois ans, se brise dans un silence de mort. Le silence qui entoure la disparition de ceux qui ont étrangement cessé de passionner le monde des vivants.

La plus grande cantatrice du siècle vient de mourir dans son appartement parisien et la planète, stupéfaite, découvre que, jusqu'au 16 septembre, elle était encore vivante.

Comme pratiquement personne ne s'intéressait plus à sa vie, personne ne va s'intéresser à la façon dont elle est morte. Le temps qu'on la redécouvre, que l'on retrace ses derniers mois, la pitoyable solitude et l'impitoyable déchéance qui l'ont accompagnée jusqu'au bout du voyage, elle se sera déjà envolée en fumée. Sans même que quiconque puisse dire qui a pris la décision de la réduire en cendres…

A-t-elle choisi sa mort ou a-t-elle payé un jour de septembre tous les excès d'une vie hors limites, personne n'a cherché à le savoir. Sans doute parce que tout le monde avait un peu honte et que découvrir la vérité subitement aurait peut-être accru ce sentiment de honte.

Et voilà qu'on se retrouve, trente-deux ans après, avec, cas unique dans les annales, une mort triplement mystérieuse : on ne sait pas comment elle s'est produite ; on ignore pourquoi il n'a pas été procédé aux examens habituels qui auraient sans doute permis de le déterminer ; on ne sait toujours pas pourquoi Maria Callas n'a pas été enterrée.

Ce qui frappe avant tout dans la fin de vie de la plus grande cantatrice du siècle, c'est son isolement, cette sorte de solitude imposée. Trop de régimes alimentaires, d'excès en tout genre avaient prématurément abîmé sa voix.

Maria Callas est née Sophia Cecilia Kalos, au Flower Hospital de New York, quartier de Manhattan, le 2 décembre 1923. Son père, né Georges Kalogeropoulos, avait raccourci son nom pour l'« américaniser ». On ignore la date exacte à laquelle le nom de Callas remplaça celui de Kalos, et même s'il l'a réellement remplacé. On sait surtout que ce fut un nom d'artiste. Au moment de quitter la Grèce pour les États-Unis le 30 mars 1945, Maria indique que son nom de scène est Mary Callas. Quand elle part pour l'Italie en 1947, son nom de scène mentionné sur sa demande de passeport est cette fois Maria Callas. Quoi qu'il en soit, Kalos reste le seul nom sous lequel Maria Callas a été enregistrée sur le sol américain. Elle conservera ce nom inscrit sur toutes les pièces d'administration et passeports toute sa vie active, jusqu'en 1966, année où elle renoncera officiellement à la nationalité américaine, à l'ambassade des États-Unis de Paris.

Le temps de leur adaptation à une existence toute nouvelle fit retarder le baptême de Maria, et c'est seulement le 26 février 1926 qu'elle est baptisée selon le rite orthodoxe et qu'elle reçoit les deux prénoms choisis par ses parrains : Anna et Maria. Pour le pays d'origine de sa famille, où la religion orthodoxe est une religion d'État, elle sera Sophia Cecilia Anna Maria Kalos. Il est étonnant de constater que Maria Callas est née aux États-Unis, qu'elle est morte et enterrée en France, qu'elle a vécu en Italie, où elle a connu sa plus grande gloire, et que, bien plus tard, elle renoncera à la nationalité américaine, pour devenir enfin grecque, sa vraie patrie selon elle.

Autre détail qui semble avoir joué un grand rôle dans son destin : Maria a une sœur de six ans plus âgée qu'elle, qui a été prénommée Yakinthi, mais que tout le monde dans sa famille a toujours appelée Jackie. Jackie, comme Jackie Kennedy, qui deviendra plus tard Jackie Onassis, réalisant le rêve jamais réalisé de Maria Callas, devenir l'épouse d'Aristote Onassis.

Un père très absent, qui a quitté le domicile sans vraiment le quitter définitivement, dans les années qui ont suivi la naissance de Maria, et une enfance assez malheureuse, même si, dès l'âge de huit ans, ses qualités vocales et musicales commencent à être reconnues. Maria, devenue célèbre, reconnaîtra en 1957 qu'elle n'a pas eu une enfance heureuse : « À l'âge auquel les enfants devraient être heureux, je n'ai pas eu cette chance. J'aurais souhaité l'avoir. Ma sœur était mince, belle et attirante, si bien que ma mère l'a toujours préférée à moi. J'étais un vilain petit canard, grosse, maladroite et mal aimée. Il est cruel pour un enfant de ressentir qu'il est laid et non désiré… Je ne lui pardonnerai jamais de m'avoir volé mon enfance. Pendant toutes les années où j'aurais dû jouer et grandir, je chantais ou gagnais de l'argent, j'avais toutes les bontés pour elle, et tout ce qu'elle me rendait était du mal. »

De fait, la relation des souvenirs d'Evangelia, la mère de Maria, montre une préférence marquée pour Jackie.

Le développement vocal de Maria commence dès l'âge de huit ans, c'est-à-dire vers 1931. Maria fait l'apprentissage de la musique et du chant à l'école publique de Washington Heights, quartier de leur domicile. Dès l'année 1933, elle participe à des concerts organisés par son école, elle chante aux remises des prix. La fille à la voix d'or, qui d'après l'un de ses professeurs, « avait un rossignol dans la gorge », prend de l'assurance en s'y faisant régulièrement remarquer et collectionne les compliments flatteurs dans un livre d'autographes qu'elle a conservé toute sa vie. Si Maria Callas n'a jamais évoqué son plaisir de chanter à cet âge, elle ne l'a pas nié non plus. En revanche, elle avoua avoir éprouvé une satisfaction personnelle certaine : « Quand je chantais, je sentais que j'étais vraiment aimée. Alors chanter est progressivement devenu le remède à mon complexe d'infériorité. »

Possédant une excellente oreille et une mémoire infaillible, la fillette peut reproduire une chanson dans le ton original en l'ayant seulement entendue une fois ou deux. D'abord, des morceaux légers de variété, puis des airs d'opérette et des airs lyriques.

À quinze ans, elle a un registre qu'elle croyait de mezzo-soprano. Il est donc permis de penser qu'elle ait mêlé pendant ces années des airs de tessitures très éloignées sans précaution, en s'appuyant sur une technique instinctive, mais, de l'avis d'un professeur de chant, forcément sommaire et vocalement dangereuse. Il semble ainsi que ces écarts vocaux aient été à l'origine de son vibrato dans les aigus, déjà remarqué à ses débuts au conservatoire, dont elle peinera à se débarrasser et qui finira par s'installer vers la fin d'une carrière intense et démesurée.

En 1937, les parents de Maria se séparent officiellement, et Evangelia retourne à Athènes avec ses deux filles. Dans un premier temps, la mère tente de faire admettre Maria au Conservatoire d'Athènes, mais celle-ci est refusée au motif que sa voix n'est pas assez travaillée et qu'elle ne connaît pas le solfège. Elle apprendra ce dernier au piano. Au cours de l'été 1937, Evangelia contacte Maria Trivella, qui dirige le tout récent Conservatoire national grec. Maria est trop jeune, elle n'a que quatorze ans à l'époque, mais qu'importe. Avec la complicité de Maria Trivella, immédiatement conquise par la voix de Maria, Evangelia ment sur l'âge de sa fille, ce qui lui permet d'obtenir une bourse réservée aux élèves d'au moins seize ans. Trivella se souvient de cette adolescente grassouillette et extrêmement myope, presque aveugle lorsqu'elle ne porte pas d'énormes verres : « Sa voix avait un timbre chaud, lyrique, intense qui tournoyait, brillant de mille feux, emplissant l'air d'échos mélodieux, cristallins comme un carillon. Elle était à plusieurs points de vue étonnante. Un futur grand talent qu'il fallait contrôler, entraîner, discipliner pour qu'elle jaillisse avec toute sa brillance. »

Dès les premières leçons, le professeur se rend compte que la tessiture de son élève est celle d'un soprano lyrique et non pas d'un mezzo-soprano, comme on le lui avait annoncé. Callas travaillera pendant deux ans avec Trivella : « C'était une élève modèle, fanatique, exigeante avec elle-même, dévouée à ses études corps et âme. Ses progrès étaient phénoménaux. Elle travaillait cinq à six heures par jour… En six mois, elle était capable de chanter les arias les plus difficiles du répertoire. »

Maria travaille sans discontinuer, voulant être la meilleure. Elle n'a pas d'argent pour s'acheter des chaussures. Qu'importe. Elle se rend à ses cours pieds nus. Pour le gala de fin d'études, elle interprète un duo de *Tosca* au music-hall Parnasse.

À la fin de l'année 1939, Maria intègre le Conservatoire d'Athènes, dans la classe d'Elvira de Hidalgo, qui deviendra également sa confidente. Lors de sa première audition, Elvira de Hidalgo, perplexe, observe Maria qui attend son tour dans un coin, nerveuse, les yeux rivés sur ses chaussures ; mais dès qu'elle entend le son de sa voix, ces « violentes cascades de sons pleines de drame et d'émotion », elle ferme les yeux pour écouter ce phénomène. C'est Elvira de Hidalgo qui lui fit prendre conscience de la grandeur et du sublime de leur art et donna au « vilain petit canard » une idée du cygne qu'elle allait devenir. Dotée désormais d'une voix de soprano dramatique, Maria Callas commence une carrière professionnelle à l'âge de dix-sept ans, avec l'opérette *Boccaccio* de Franz von Suppé.

Le premier grand tournant de sa carrière se situe dès son retour aux États-Unis, où elle retrouve son père, avec lequel elle renoue des liens. Cependant, sa réputation, devenue très importante en Grèce, n'a pas franchi l'Atlantique.

Il lui faut donc attendre de longs mois après son arrivée aux États-Unis pour passer enfin une audition devant le directeur du Metropolitan Opera, Edward Johnson, auquel elle fait une très forte impression. Le Metropolitan Opera de New York lui offre d'interpréter la saison suivante *Madame Butterfly* de Puccini et *Fidelio*, de Beethoven, l'un et l'autre en anglais. Se trouvant trop grassouillette pour le rôle de Butterfly, et ne voulant pas non plus chanter en anglais, langue qu'elle estime « mal chantante », elle refuse les deux propositions. Elle offre à la place de chanter sans cachet *Tosca* ou *Aïda*. Mais ces opéras ne sont pas au programme ou déjà distribués. En se retirant, elle lance à son interlocuteur sidéré : « Un jour, le Met me suppliera de chanter des rôles mais je ne viendrai plus pour rien ! » En 1946, Maria Callas est sous contrat pour la réouverture de l'Opéra de Chicago avec *Turandot*. Malheureusement, l'établissement fait faillite avant son ouverture.

Les États-Unis lui ont permis de commencer à faire connaître son nom. Le deuxième tournant va intervenir en 1947, lorsqu'elle fait la rencontre de Giovanni Zenattelo, ténor à la retraite et imprésario venu aux États-Unis à la demande du chef d'orchestre italien Tullio Serafin, afin de rechercher une soprano pour chanter *La Gioconda*, de Ponchielli, aux arènes de Vérone l'été suivant. Zenattelo introduit Maria auprès de Tullio Serafin, qui, subjugué par sa voix, l'engage séance tenante. Dès la première répétition, le grand chef d'orchestre italien décèle les extraordinaires possibilités de la jeune diva. C'est lui qui fera de Maria *la*

Callas, comme il avait fait auparavant la gloire de Rosa Ponselle.

Bien plus tard, en 1968, Maria Callas admettra que son travail sous la direction de Serafin a été « la chance de ma vie. Il m'a enseigné qu'il doit y avoir une formulation ; qu'il doit y avoir une justification. Il m'a enseigné le sens profond de la musique, la justification de la musique. J'ai réellement, véritablement absorbé tout ce que je pouvais de cet homme ».

En arrivant en Italie pour chercher du travail, Maria Callas rencontre à Vérone un industriel propriétaire d'une briqueterie et féru d'opéra, Giovanni Battista Meneghini, de près de trente ans son aîné. Elle l'épouse le 21 avril 1949 à Vérone, et s'appellera désormais Maria Meneghini Callas. Giovanni sera à la fois son mari, son mentor et son impresario. Dès lors, sa notoriété ne va cesser de croître jusqu'à faire d'elle la principale vedette de la scène lyrique.

Maria Callas fait ses débuts officiels à la Scala de Milan au mois de décembre 1951 dans *Les Vêpres siciliennes*. Ce temple de l'opéra va devenir son repaire artistique durant les années 1950. Il monte de nouvelles productions spécialement pour la cantatrice, avec des réalisateurs ou des personnalités prestigieuses du monde de la musique : les chefs Leonard Bernstein et Herbert von Karajan et les metteurs en scène Luchino Visconti et Franco Zeffirelli.

Elle entame alors une longue histoire d'amour avec son public. Si elle sillonne désormais le monde, chantant dans nombre de capitales de sa voix incomparable, elle revient régulièrement à la Scala, en 1953, en 1957, en 1958, en 1959, en 1964 et en 1965. C'est enfin au

Royal Opera House que, le 5 juillet 1965, Maria Callas fait ses adieux à la scène dans *Tosca*, mis en scène et réalisé spécialement pour elle par Franco Zeffirelli.

Pourquoi faire ses adieux si tôt, alors qu'elle est en pleine gloire ? Les explications ne manquent pas. Déjà, son caractère, jugé capricieux, l'aurait fâchée avec plusieurs directeurs d'opéra. Sa supposée rivalité avec Renata Tebaldi ne lui aurait pas valu que des amis. Il est vrai que l'image de la cantatrice s'est profondément modifiée pendant ces années. De constitution plutôt forte, elle a perdu entre le début de l'année 1953 et la fin de l'année 1954 plus de trente kilos grâce à un régime et, selon certaines sources, la contraction d'un ténia. Sa nouvelle silhouette longiligne a longtemps suscité l'intérêt des grands couturiers et lui a permis de devenir l'une des femmes les plus élégantes du moment. Revers de la médaille, les magazines s'intéressent autant à sa vie privée qu'à ses prestations scéniques. Et surtout, pour garder cette ligne qui n'est pas naturelle, elle doit faire des efforts intenses pour ne pas reprendre tout ou partie des kilos abandonnés quelques années plus tôt.

Enfin, c'est à cette époque qu'elle rencontre l'homme qui bouleversera sa vie, Aristote Onassis, armateur grec, milliardaire et séducteur aux multiples aventures. Elle lui a été présentée lors d'une fête donnée en l'honneur de celui-ci par Elsa Maxwell. Au mois de juillet 1959, au cours d'une croisière sur le yacht de l'armateur, elle deviendra sa maîtresse. Pour lui, elle divorcera de Meneghini en octobre de la même année. Plusieurs rumeurs permettront aux uns et aux autres de laisser entendre qu'elle aurait accouché quelques mois plus tard d'un enfant né prématurément le 30 mars 1960 à

Milan, qui serait mort quelques heures après sa naissance. Meneghini prétend que ce n'est pas vrai. Quoi qu'il en soit, d'autres rumeurs affirmeront que, plus tard, Maria Callas aurait été enceinte d'Onassis et qu'elle aurait eu recours à un avortement. Toutes ces polémiques, toutes ces atteintes à sa vie privée, toute la passion qu'elle voue à Aristote Onassis avec l'envie de se consacrer à lui et à lui seul font que la diva ralentit sa carrière jusqu'à l'interrompre définitivement en 1965.

En 1966, elle obtient la nationalité grecque, enfin, ainsi que l'annulation de fait de son mariage, espérant pouvoir ainsi officialiser sa relation avec Onassis. Mais Onassis épouse le 20 octobre 1968, soit deux ans plus tard, une autre femme célèbre, Jacqueline Kennedy, veuve du président des États-Unis assassiné en 1963. Blessée dans son orgueil mais toujours profondément amoureuse, Maria Callas lui restera néanmoins fidèle jusqu'au bout. Durant le dernier séjour d'Onassis à l'hôpital américain de Neuilly, elle seule ira le voir régulièrement, lui apportant soutien et réconfort.

Désormais retirée de la scène, Maria Callas donne des cours d'interprétation d'octobre 1971 à mars 1972 à la Juilliard School de New York. Elle y prend soin d'expliquer et d'éclairer de son expérience les rôles abordés par ses étudiants. Elle révèle à cette occasion son secret pour bien exécuter la musique : « Vous devez lui faire l'amour. »

C'est à cette époque qu'elle noue une liaison avec le ténor Giuseppe Di Stefano, son vieux complice. Il sent bien que quelque chose s'est cassé chez Maria Callas. Il y a quinze ans qu'ils ont chanté pour la dernière fois ensemble *Un bal masqué* à la Scala de Milan :

« Je l'ai trouvée anéantie, presque méconnaissable, racontera plus tard Di Stefano. Elle était éteinte et me fit vraiment de la peine. Je lui ai proposé que nous rechantions ensemble car elle avait trop peur pour envisager de remonter seule sur une scène. »

« Je n'ai plus de voix », avait dit Maria Callas à Giuseppe Di Stefano. Et c'était vrai. Avec l'aide de son ami, elle va travailler dur pendant des mois pour remonter la pente et elle va y parvenir. Entre octobre 1973 et novembre 1974, le duo multiplie les concerts organisés par Di Stefano lui-même. La Callas gagne 600 000 dollars pendant cette période, mais le plus important c'est qu'elle croit à nouveau en elle et qu'elle ressuscite tout doucement. Même si les critiques sont parfois dures – « Elle chante comme si elle avait la fraise du dentiste dans la bouche », peut-on lire dans *Le Figaro* après un concert donné à Paris –, son bonheur d'être à nouveau sur scène est plus fort que tout.

Ces concerts les conduiront à travers l'Europe, puis à partir de 1974 aux États-Unis, en Corée du Sud et au Japon. Pour Maria Callas, c'est un succès sur le plan personnel, les auditeurs affluant pour écouter les deux chanteurs souvent apparus conjointement à leurs débuts, mais un échec sur le plan artistique, sa voix étant désormais irrémédiablement abîmée par les rôles trop difficiles tenus vingt ans plus tôt. Elle n'est plus que le fantôme d'elle-même. Sa dernière performance publique a lieu le 11 novembre 1974 à Sapporo, au Japon.

Elle qui a si souvent tenté de se suicider à coups de barbituriques, elle qui n'aime plus la vie depuis sa séparation d'avec Aristote Onassis, a cependant retrouvé une certaine joie de vivre. Elle va même jusqu'à se persuader qu'elle était, de toujours, amoureuse de Di Stefano et qu'ils sont faits pour se marier. Mais il est déjà marié et ne croit pas à la naissance soudaine de cet amour. Il croit, comme beaucoup, que Maria Callas est prête à tout pour fuir la solitude qui l'envahit à nouveau dès que les concerts sont terminés. Quoi de plus pathétique que cette femme si admirable et si admirée qui, un soir de blues, avoue :

« D'abord, j'ai perdu mon poids, puis j'ai perdu ma voix, puis j'ai perdu Ari. »

Elle va le perdre une deuxième et dernière fois. Le 12 mars 1975, Aristote Onassis meurt. Il est alors marié à Jackie, mais c'est Maria Callas qui reçoit des fleurs du monde entier :

« J'ai l'impression d'être sa veuve, soupire-t-elle, mais c'est sans doute normal, je l'ai aimé avec tant de passion. »

Après la mort d'Onassis, Maria Callas ne sera plus jamais la même.

Une nouvelle fois, elle va s'enfoncer dans l'isolement. À partir de la fin de l'été 1976, elle perd le sommeil et absorbe continuellement, et en grande quantité, des somnifères. Il lui arrive de passer par de longues périodes durant lesquelles elle dort presque vingt heures par jour. Ses meilleurs amis en dressent un portrait terrible.

Bettina Brentanos : « Elle n'avait plus goût à la vie et se laissait glisser sur la pente de l'autodestruction. »

Plácido Domingo : « J'avais la sensation que Maria se laissait mourir de tristesse. On peut vraiment mourir, si on le veut, même sans se suicider, en abandonnant la vie. Simplement. »

Désormais, elle vit à l'écart. De temps en temps, lorsqu'elle rencontre de vieux amis, elle les invite chez elle. Elle a un réel besoin de rester en contact avec le monde de l'opéra, mais personne ne trouve jamais le temps d'aller lui rendre visite. Ils sont tous très occupés. Maria Callas n'a rien à faire. Elle est seule. Elle attend. Au bout de toute cette vie de gloire, de triomphes, d'amour et de passions désordonnées, elle reste une femme seule qui attend.

Lorsqu'elle dîne, elle met le téléphone tout près d'elle, à table, au cas où quelqu'un appellerait. Mais elle a beau attendre comme on espère, personne n'appelle. Jamais. Personne ne pense à elle.

Elle passe ses soirées à jouer aux cartes avec ses domestiques. Quand c'est leur jour de congé, elle les supplie de ne pas la laisser seule. Elle est la plus grande cantatrice du monde, le mythe du siècle, et elle en est réduite à mendier un peu de compagnie à ses domestiques pour ne pas crever de solitude.

Le 16 septembre 1977, le monde apprend donc qu'elle n'était pas encore tout à fait morte, jusque-là, puisqu'elle vient de succomber, aux alentours de 13 h 30, alors qu'elle se trouvait dans sa salle de bains, à un collapsus cardio-vasculaire. Apparemment, elle est tombée à terre mais a eu la force de se traîner jusqu'à la porte et d'appeler au secours. On a fait venir un médecin qui est arrivé à l'appartement une heure après et n'a pu que constater le décès.

Aucun des amis aussitôt accourus, tel Giuseppe Di Stefano, ne pourra voir son corps. Le ténor n'aura même pas le droit d'entrer dans l'appartement où il avait pourtant toujours eu ses entrées à n'importe quel moment.

Trois jours plus tard, le 19 septembre, une cérémonie religieuse est organisée avant que le corps de Maria Callas ne soit transporté au cimetière pour y être incinéré.

Le temps des questions va bientôt venir, et elles seront nombreuses. Pourquoi a-t-on fait disparaître Maria Callas avec tant de hâte et quasiment dans le secret ?

Pourquoi n'a-t-on pas pratiqué d'autopsie, alors qu'elle est morte mystérieusement, sans témoins ? Il aurait été normal, pour le moins, que l'on cherche à connaître les causes de son décès.

C'est en se retranchant derrière le secret médical que le médecin appelé à la rescousse le jour fatal refusera de donner la moindre explication sur les causes de la mort.

Alors, évidemment, on peut tout imaginer : Maria Callas portait une telle dose de désespoir en elle, depuis plusieurs années, qu'elle a pu décider une fois de plus de mettre fin à ses jours. Et cette fois, son geste a été définitif. Elle a pu aussi être victime de trop de traitements à la fois pour maigrir et pour vaincre la dépression. Dans ce domaine, les mélanges sont explosifs, usent le cœur et la résistance.

Lorsque son couple avec Onassis a commencé à se déliter, lorsqu'il l'a quittée, plus tard, pour Jackie Kennedy, elle s'est enfuie dans le monde des tranquillisants qui allaient jusqu'à la rendre inconsciente. Comme ça ne suffisait plus, elle est allée plus loin encore : elle s'est fait prescrire un somnifère, véritable bombe dont elle espérait qu'il pourrait résoudre ses problèmes. Après l'avoir pris, elle sombrait dans un profond état de léthargie. Le matin, quand elle se réveillait, elle était étourdie, abrutie et, pour retrouver sa forme, elle avait recours à des excitants, souvent très puissants.

C'est sans doute dans cette alternance destructrice, dans ce suivi médical incohérent, qu'il convenait aussi de chercher les causes de sa mort brutale. Mais personne ne les a cherchées… Personne n'a semblé vouloir trouver la moindre explication.

Même Bruna et Feruccio, les deux fidèles domestiques présents au moment où Maria est morte, n'ont jamais rien dit. Les domestiques sont souvent bavards, après la mort d'un patron dont ils étaient proches. Ils ne se font pas prier pour raconter comment il était, comment il se comportait peu avant sa disparition. Généralement, plus ils étaient proches de leur employeur, plus ils l'admiraient et plus ils aiment à l'évoquer, voire à donner leur propre interprétation de ses derniers instants. Bruna et Feruccio étaient très proches de Maria Callas. Ils l'adoraient mais ils se sont tout de suite enfermés dans un silence pesant, refusant toute question et, après les obsèques, ils ont complètement disparu. Plus personne n'a entendu parler d'eux.

Comme s'ils avaient quelque chose à cacher. Quelque chose qu'on leur avait demandé de cacher.

Tout aussi étrange, l'incinération de Maria Callas, dont tous les intimes savaient qu'elle avait toujours été terrorisée par le feu. Jamais personne ne l'avait entendue dire qu'elle préférerait, quand le jour viendrait, une crémation à un enterrement. Pourtant, au lendemain de sa mort, on pouvait lire dans les journaux que Maria

Callas serait incinérée, ainsi qu'elle en exprimait le souhait dans son testament.

Or son testament n'a jamais été rendu public. Elle l'avait rédigé en 1954, à l'époque où elle était mariée avec Meneghini, dont elle était séparée depuis de nombreuses années. Meneghini, octogénaire au moment de la mort de Maria, avait conservé ce document, et il a affirmé qu'il n'y était absolument pas question d'incinération.

S'il y avait eu un autre testament, il aurait annulé celui de 1954. Or, cet « autre testament » dont on a beaucoup parlé, personne ne l'a jamais vu. Conclusion : il n'est donc pas vrai qu'elle ait écrit dans son testament qu'elle voulait être incinérée, puisque ce document n'a jamais existé. Alors, pourquoi avoir fourni cette explication ?

Le mystère ne s'arrête d'ailleurs pas là. Traditionnellement, la crémation a toujours lieu le lendemain des funérailles. Or, la Callas a été incinérée une demi-heure après que son cercueil eut été apporté au cimetière du Père-Lachaise. Une telle hâte ne pouvait traduire qu'un souhait de dissimuler quelque chose. Mais quoi ? En outre, selon la loi française, la crémation ne peut être demandée que par un membre de la famille. Dans le registre du cimetière du Père-Lachaise où Maria Callas a été incinérée figure le procès-verbal de la demande de crémation : elle est signée d'un certain Jean Rouen. Commentaire de Meneghini : « J'ignorais que Maria eût un parent nommé Jean Rouen. »

Les cendres ont été placées dans une petite niche des souterrains du cimetière. La niche portait le numéro 16258. De nombreux admirateurs sont allés au fil des mois y prier et y déposer des fleurs. Mais au bout d'un an et demi, on a appris que la niche avait toujours été vide : dès le premier jour, les cendres avaient été enlevées et cachées dans une banque. Tous ceux qui étaient venus se recueillir l'avaient fait devant une niche vide.

En 1980, toujours sous prétexte de respecter la volonté de la Callas – si souvent évoquée mais jamais exprimée visiblement – les cendres ont été dispersées dans la mer Égée.

Présentée comme une histoire romanesque et romantique à la fois, teintée de poésie et forte de significations mythologiques, l'affaire de la mort de Maria Callas ressemble surtout à une énigme policière. Car il est certain que quelqu'un a été très pressé de faire disparaître son corps, afin qu'on ne puisse pas pratiquer d'autopsie. Et il est tout aussi certain qu'on a ensuite dispersé ses cendres dans la mer pour rendre définitivement impossible toute enquête scientifique sur les causes réelles de sa mort.

Meneghini disait ouvertement, et il était bien le seul, que Maria Callas s'était suicidée ou qu'elle avait été assassinée.

Dans un livre de prières qu'elle conservait dans sa chambre, à Paris, il avait trouvé un feuillet inquiétant. Il y avait une date : « Été 77. » Maria Callas l'avait donc écrit quelques semaines seulement avant de mourir. Il y avait aussi une initiale : « à T. » Sans aucun doute une dédicace à Battista Meneghini, qu'elle avait toujours appelé « Titta ».

Suivaient cinq lignes, en fait les premiers vers du monologue désespéré que l'héroïne de *La Gioconda* de Ponchielli chante au début du quatrième acte :

« Dans ces moments cruels,
Tu es ma seule issue.
Et tu tentes mon cœur.
Le dernier appel de mon destin,
La dernière croix sur mon chemin. »

Ces vers commencent par un mot que, sur la feuille, Maria Callas a omis : « suicide ». La seule issue, le dernier appel du destin, la dernière croix sur le chemin, la tentation du cœur, c'est le suicide…

Quand elle chantait ces mots sur scène, le monde entier frissonnait. Pourquoi les avoir écrits au cœur de l'été 1977 ? Pourquoi les avoir glissés dans son livre de prières ? Pourquoi cette dédicace ?

Tout a été fait pour qu'à ces questions, comme à tant d'autres, personne ne puisse jamais apporter de réponse.

JEAN-PAUL Ier

Le pape foudroyé

Le Christ a vécu trente-trois ans. Puis il a été crucifié. Jean-Paul Ier a régné trente-trois jours puis il est mort. Et, aujourd'hui, on cherche toujours à savoir s'il a été assassiné.

On ignore jusqu'à l'heure exacte de sa mort : est-ce le 28 décembre 1978 vers 23 heures, comme l'indiquait l'annonce officielle de son décès, ou le 29, entre minuit et 5 h 30…

Le vendredi 29 septembre 1978, un seul sujet, une seule photo, énormes, envahissent la première page de *L'Osservatore Romano*, le quotidien du Vatican : « LE PAPE JEAN-PAUL Ier DANS LA PAIX DU SEIGNEUR. »

Juste en dessous, le quotidien enchaîne :

« Il nous a quittés hier soir vers 23 heures. Consternation des croyants et de l'humanité. Le décès a eu lieu dans le Palais apostolique, dans la soirée d'hier, jeudi 28 septembre, vers 23 heures, après un peu plus d'un mois de pontificat. La nouvelle, connue ce matin, a été accueillie avec surprise et une profonde consternation. La première personne mise au courant du décès du pape a été son secrétaire, John Magee, qui a informé tout de suite le cardinal Jean Villot, secrétaire d'État logé dans le Palais apostolique. Le cardinal secrétaire d'État s'est rendu immédiatement dans la chambre à coucher du pape où il a constaté la mort de Jean-Paul Ier. Les médecins arrivés entre-temps ont attribué la mort à un infarctus du myocarde, situant approximativement à 23 heures l'heure du décès. »

Quelques heures plus tard, le bureau de presse du Vatican fournissait un peu plus de détails. Le pape et John Magee avaient rendez-vous le 29 septembre à 5 h 30 dans le bureau du Saint-Père. Celui-ci avait en effet tant de travail qu'il avait pris l'habitude de se lever à 4 h 30 chaque matin. Il se préparait, prenait son café vers 5 heures, faisait ses premières prières puis rejoignait son bureau situé dans l'appartement privé des papes, au troisième étage du Palais apostolique.

C'est d'une fenêtre de cet appartement que, chaque dimanche matin, le pape bénit le monde.

À 5 heures, le matin du 29 septembre, une sœur en charge de l'appartement du pape entre sans bruit et dépose une tasse de café dans l'antichambre. Elle revient une demi-heure plus tard pour enlever la tasse et constate qu'elle est toujours pleine. Alors, la religieuse court avertir le secrétaire privé de Jean-Paul Ier. Celui-ci arrive précipitamment et frappe d'abord deux fois à la porte de la chambre à coucher. Il laisse passer quelques secondes puis frappe plus fort et à plusieurs reprises. Après avoir insisté ainsi pendant quelques minutes, il entre dans la chambre. Le pape est endormi, sur le dos, le livre *L'Imitation de Jésus-Christ* entre les mains… Il faut une poignée de secondes à son secrétaire pour comprendre qu'il est mort. Un peu plus tard, les médecins établiront la cause du décès : infarctus.

Au premier abord, tout laisse à penser que la mort de Jean-Paul Ier est naturelle.

Avant d'être élu pape, trente-trois jours plus tôt, succédant ainsi à Paul VI, Albino Luciano était patriarche de Venise. Il avait certes beaucoup de travail, mais ce n'était pas comparable avec ce qui l'attendait à Rome dans sa nouvelle fonction. Il avait atteint un âge, soixante-six ans, où il aurait dû sérieusement commencer à se ménager. Au lieu de cela, il fut tout de suite confronté à des activités débordantes. La meilleure preuve en est qu'il avait pris l'habitude de se coucher à minuit et de se lever à 4 h 30 pour assumer toutes ses tâches.

De plus, Jean-Paul Ier avait dû, toute sa vie, composer avec une santé qui, loin d'être éclatante, était parfois même défaillante. Enfant, il avait eu une bronchopneumonie puis avait développé une sinusite chronique. Adolescent, il avait été frappé par la tuberculose. Opéré à huit reprises, c'était un homme fragile dont la vésicule biliaire ne fonctionnait pas normalement et qui souffrait aussi de rhumatismes et de problèmes cardiaques.

Il connaissait d'ailleurs suffisamment bien la fragilité de sa santé pour déclarer le soir même de son élection :

« Ce qui m'attend me fait peur. J'espère que Dieu me donnera la force de tenir. Il y a tellement à faire, tant de documents à lire, tant d'énergie à donner. »

Trente-trois jours plus tard, son cœur, n'ayant pas supporté qu'on exige de lui davantage que ce qu'il pouvait donner, avait cédé.

Cette version de la mort du pape, devenue officielle, est pourtant violemment contestée depuis plus de trente ans.

Par tous ceux, déjà, qui avaient pu constater les multiples complots et trafics d'influence ayant accompagné son élection quelques semaines plus tôt. En silence et dans la plus grande discrétion, plusieurs camps s'affrontaient. Comme souvent, comme en politique – mais après tout, la différence entre Église et politique est parfois assez mince –, à force de voir s'opposer des courants contraires, c'est une solution de neutralité qui s'imposa.

Albino Luciano n'appartenait à aucun courant : il fut élu pape !

La question de savoir s'il avait conscience de devoir son élection à sa « neutralité » restera toujours posée. Se doutait-il qu'on l'avait choisi en désespoir de cause parce qu'aucun de ses rivaux en présence, qui étaient devenus ses ennemis, ne parvenait à s'imposer ? Avec lui au moins, tout le monde en était certain, il n'y avait pas de danger : aucun risque qu'il vienne regarder de trop près dans les affaires de l'Église.

Et les affaires, il y en avait un peu trop, un peu trop troubles, un peu trop juteuses, souvent à la limite de la légalité.

Fatigué, usé, malade, Paul VI avait lutté contre la mort pendant les dernières années de son pontificat. Il avait trop lutté pour pouvoir diriger en maître son royaume. Insensiblement, il s'était laissé déborder par quelques piliers du Vatican qui, profitant de sa faiblesse, avaient pu concocter en toute sérénité des montages financiers et réaliser des affaires fructueuses que le pape n'aurait jamais tolérés s'il avait pu user normalement de son droit de regard.

Dans son livre *La Soutane rouge*[1], ROger Peyrefitte écrit très clairement :

« Jean-Paul Ier a été assassiné par un tueur de la mafia engagé par des prélats qui voulaient empêcher le nouveau pape de mettre son nez dans les sales affaires de la banque du Vatican. »

La banque du Vatican… Tout est dit, ou presque ! Car le Vatican a sa propre banque, l'Institut des œuvres religieuses (IOR), qui gère les fonds de l'Église. Quelques années plus tôt, les affaires ne marchant pas très fort, le Vatican avait fait appel à Mgr Paul Marcinkus, un évêque américain entreprenant et dynamique, chargé de remettre de l'ordre à l'IOR et, surtout, de redorer son blason. Il réussit formidablement bien dans sa tâche, et même au-delà des espérances qu'on avait placées en lui…

Hélas, les moyens employés par cet homme d'affaires en soutane étaient pour le moins contestables : partant du principe que l'argent n'a pas d'odeur, il commença assez vite à traiter avec la mafia ! Curieux pour un homme d'Église, mais toute la philosophie de ce personnage haut en couleur, tonitruant et séducteur, consistait à répéter qu'on ne pouvait pas avoir l'argent du beurre sans le beurre ! Moyennant quoi, il faisait son beurre avec la mafia, roulait dans des voitures de sport, paradait dans les grands restaurants où il se régalait de grands vins et d'alcools forts, arborait

1. Gallimard, 1987.

des cigares longs comme une journée sans messe et fréquentait à toute heure du jour et de la nuit, voire jusqu'au petit matin, des gens infréquentables !

Tant que l'argent rentrait à flots, Paul Marcinkus avait connu une paix royale. On parlait beaucoup dans son dos, il était durement critiqué par certains, mais que faire contre un homme à qui tout sourit, même si on ne connaît pas les tenants et les aboutissants de sa réussite ? Il avait sauvé l'Église du désastre, il était donc intouchable, d'autant que Paul VI n'était plus à même de jouer son rôle.

Mais on ne fait pas de pacte avec la mafia sans en payer un jour ou l'autre les conséquences : quelques mois avant la mort de Paul VI, les choses commencèrent à mal tourner. Plusieurs transactions financières dans lesquelles la mafia était partie prenante se révélèrent désastreuses pour l'IOR. L'Église y laissa des centaines de millions de dollars.

Après la mort de Paul VI puis celle de son successeur, le désastre continua jusqu'à ce que Jean-Paul II finisse par y mettre bon ordre. Curieusement, c'est d'ailleurs au moment où il démantelait cette vaste escroquerie que le souverain pontife allait voir la mort de très près… lui aussi.

Le 13 mai 1982, Ali Agca, un Turc apparemment payé par les pays de l'Est, avait tenté de l'assassiner en tirant sur lui plusieurs coups de feu. Gravement blessé, diminué à jamais, Jean-Paul II parvint à surmonter les conséquences de l'attentat et à mettre fin aux scandales de l'IOR, notamment en renvoyant Paul Marcinkus aux États-Unis. Mais on ne peut s'empêcher de penser aujourd'hui qu'il avait failli payer de sa vie pour sa volonté de « nettoyer » l'Église de tous ceux qui la déshonoraient. Et que son prédécesseur n'avait tout simplement pas eu autant de chance que lui.

À ceux qui douteraient que l'on puisse aller jusqu'à tuer pour des « affaires », on pourrait tout simplement répondre qu'ils ne connaissent pas la mafia et ses méthodes. On pourrait aussi leur rappeler qu'au moment où le scandale éclata plusieurs affairistes ou financiers qui avaient eu des relations avec l'IOR et avec Paul Marcinkus ont été emprisonnés, ou retrouvés *suicidés* dans d'étranges conditions, voire ouvertement assassinés. Et personne ne peut vraiment croire que le fait d'être pape ait pu mettre Albino Luciano à l'abri d'une organisation capable d'assassiner froidement un enfant pour se venger de son père, comme ce fut le cas il y a quelques années…

Non, la mafia ne recule devant rien, surtout quand elle se sent menacée.

Et c'est ce qui s'est passé tout de suite après l'élection d'Albino Luciano.

En prenant ses fonctions, ce cardinal plutôt effacé s'était senti investi d'une mission qu'il devait assumer dignement. Comme d'autres cardinaux, comme presque tout le monde au Vatican, il savait ce qui se passait. Devenu pape, il ne pouvait pas fermer les yeux, sous peine de trahir Dieu et la charge dont il était investi.

Il avait donc décidé de donner un grand coup de balai et de ne pas épargner tous ceux qui étaient mêlés, de près ou de loin, aux sales affaires de l'IOR.

Ceux qui affirment qu'au moment de sa mort il ne lisait pas un livre mais tenait quatre feuilles dans ses mains assurent aussi que sur ces feuilles figuraient les noms des prélats qui étaient remerciés et ceux des religieux qui prenaient du galon.

Sa nièce, Pia Bosso, a toujours affirmé :

« Mon oncle n'est pas mort dans son lit mais à sa table de travail. Alors, pourquoi a-t-on déplacé son corps ? »

Mgr Giovanni Gennari, professeur de théologie, persiste depuis des années :

« Jean-Paul Ier venait d'entrer dans un grave conflit avec la curie. Le soir qui a précédé sa mort, il avait décidé de grands changements au Vatican. »

Ce que confirme, après une longue enquête, David Yallop, dans son livre, *Au nom de Dieu*[1] :

« Dans son lit, il ne tenait pas le livre *L'Imitation de Jésus-Christ* mais quatre feuilles, le nouvel organigramme de la curie romaine. Et on nous a menti sur un autre point : ce n'est pas John Magee qui est entré le premier dans la chambre à coucher du Saint-Père et l'a trouvé mort, mais une femme, la sœur Vincenza, qui était déjà à son service à Venise. Qu'a-t-on voulu cacher avec ce mensonge ? La terrible vérité : Jean-Paul Ier a été tué par un poison qui a provoqué un arrêt cardiaque. »

Roger Peyrefitte ne dit rien d'autre dans son livre *La Soutane rouge*[2] :

« Le tueur mafieux chargé d'assassiner le pape est entré dans sa chambre et lui a fait une piqûre qui a provoqué un arrêt du cœur. »

---

1. David Yallop, éd. Christian Bourgois, 1986.
2. *La Soutane rouge, ibid.*

Plus de trente ans après, la mort mystérieuse de Jean-Paul Ier ronge encore le cœur de tous ceux qui n'acceptent pas les vérités trop simples et les morts « trop » naturelles.

« Le pape meurt, la papauté est immortelle », écrivait Voltaire. Mais tous les papes ne meurent pas de mort naturelle.

Claude François

La mort aux trousses

Ce samedi 11 mars 1978, il fait beau. Claude François vient à peine de rentrer de Genève. Il a une émission de télévision à enregistrer le soir même. Ensuite, il compte filer souper à Dannemois où l'attendent son Moulin et sa famille. Le lundi à l'aube, il doit repartir pour un gala.

« Un peu après 14 heures, nous sommes allés prendre le soleil sur la terrasse de l'appartement du boulevard Exelmans, dans le XVIe arrondissement de Paris. » C'est Kathalyn, sa compagne, qui raconte. « Son attachée de presse est arrivée. Elle voulait que Claude se dépêche pour qu'il ne soit pas en retard. Il est parti prendre son bain et je l'ai rejoint. Comme d'habitude, on parlait de tout… Quand il est sorti de la baignoire, il a voulu remettre en place une applique qui s'inclinait régulièrement. Un geste qu'il faisait si souvent qu'il n'y pensait même plus… »

Soudain, il se met à hurler de douleur, impuissant à se détacher de l'applique. Tant bien que mal, Kathalyn le sort du bain et le porte jusqu'à la chambre, puis elle crie à son tour pour alerter l'attachée de presse : « Claude a été électrocuté, téléphone ! »

Déjà, il ne respire plus.

Quelques minutes plus tard, secours et médecin ne peuvent que constater qu'en ce samedi de mars, où il n'avait le temps de rien, Claude François a tout de même trouvé le temps de mourir.

Un témoin direct, Kathalyn. Un témoin indirect, Marie-Thérèse, l'attachée de presse qui était là mais n'a rien vu. Et puis, très vite, les soupçons. La rumeur enfle, les interrogations affleurent. C'est que tout n'est pas si simple dans la vie de Claude François. Aucune raison pour que sa mort, à la fois brutale et stupide, vienne simplifier les choses.

Dans les heures et les jours qui suivent, on prononce à voix basse les mots qui hantent bien des esprits : suicide… assassinat… Certains vont même jusqu'à évoquer des pratiques douteuses qui auraient mal tourné. Un homme est mort et, d'un coup, les zones d'ombre de sa vie devraient éclairer sa disparition.

On se souvient que, dans les mois et les années qui ont précédé, Claude François a vécu les pires difficultés financières. Alors, un suicide, pourquoi pas… On se souvient aussi qu'il a échappé de justesse à la mort quelques mois plus tôt. À vrai dire, on a tenté de le tuer en tirant sur sa voiture. Et ça, nul ne peut le nier. Alors… une nouvelle tentative d'assassinat qui cette fois aurait réussi ? Qui peut jurer que c'est impossible ?

On évoque aussi ses aventures amoureuses, le trouble autour de sa vie privée, des sorties nocturnes mystérieuses… Certains artifices qui font qu'on peut mourir électrocuté dans une baignoire sans que ce soit immanquablement un accident.

Face aux soupçons lourds comme des menaces, il y a une jeune femme en pleurs dont la vie vient de se déchirer. Et dont personne ne doute qu'elle sait… Mais dit-elle tout ce qu'elle sait ? L'écho de ces doutes est si fort qu'il retentit une première fois lorsqu'il s'agit de donner des obsèques religieuses.

Les rumeurs n'ont beau être que des rumeurs, elles circulent suffisamment vite pour que l'Église refuse catégoriquement de bénir Claude François chez lui et de lui offrir une messe. Courageusement, sa famille se bat pour qu'il ait droit malgré tout à un enterrement chrétien. Ce qu'elle obtient.

L'idole des jeunes a été foudroyée à l'âge de trente-neuf ans. L'émotion parfois démesurée qui accompagne les obsèques de Claude François ne saurait répondre aux questions qui continuent de se poser sur la vraie raison de sa mort.

L'enquête de police et ses conclusions sont loin de convaincre tout le monde. Il est vrai que les dernières années de la vie de Claude François regorgent d'éléments troublants… D'autant plus troublants quand on découvre, après sa mort, que son héritage est surtout constitué de dettes. On prend alors conscience que la situation financière périlleuse était devenue pesante jusqu'à l'angoisse pour un homme qui dirigeait pourtant un empire.

En quelques années de succès qui dépassaient parfois le domaine de la variété, « Cloclo » est devenu le PDG d'une équipe de quarante salariés, installée dans le luxueux hôtel particulier du boulevard Exelmans. Il gère le label Disques Flèche, qui s'occupe aussi d'autres artistes, les parfums Claude François, l'agence de mannequins Girl's Models, les éditions Isabelle Musique et Jeune Musique, *Podium*, le magazine pour ados dont il devient le vrai patron, y compris de la rédaction, et *Absolu*, « le magazine français de la sexualité »... L'empire semble parti pour défier toutes les frontières.

Pour ses spectacles, Claude dépense sans compter et creuse sans cesse son découvert bancaire. Ses royalties sur les ventes de disques sont englouties par d'autres projets. Il fait vivre l'argent qu'il gagne plutôt que de le placer prudemment. Pour lui, réussir, c'est ça.

En avril 1973, un juge d'instruction le convoque au palais de justice de Paris. La Direction générale des impôts lui reproche d'avoir omis, depuis trois ans, de déclarer ses revenus personnels ainsi que les bénéfices réalisés par ses diverses sociétés commerciales.

Inculpé pour fraude fiscale, il est sommé de verser 1,8 million de francs en ce qui concerne ses revenus personnels, plus 530 000 francs pour deux de ses sociétés. Au-delà de ces sommes, il est condamné à huit mois de prison avec sursis et à 25 000 francs d'amende.

Soudain, l'empire s'écroule et les dettes succèdent aux projets. Contraint de vendre plusieurs de ses sociétés, il est moralement meurtri. Il ne supporte pas l'idée que son public puisse le prendre pour un escroc. Cet extrémiste du sentiment voit désormais tout en noir. Il n'a jamais su garder une femme et vit séparé de ses enfants ; sa gloire et ses triomphes le laissent aujourd'hui endetté...

A-t-il pensé au suicide ? A-t-il fait plus qu'y penser ?

Bien sûr, les années qui ont précédé sa mort l'ont vu retrouver son rang de chanteur-star et le chemin des tubes. Mais son rêve de devenir un prodigieux homme d'affaires s'était envolé. De son aventure, il ne restait encore que des dettes, à tel point que le conseil de famille réuni après sa disparition s'interrogea longuement sur l'opportunité d'accepter ou de refuser l'héritage au nom de ses deux enfants…

Si on ajoute à cette déchéance financière une mort mystérieuse, on comprend mieux pourquoi l'éventualité d'un suicide hante encore les esprits.

On a même évoqué un assassinat. Une hypothèse qui, elle aussi, au premier abord, semble assez folle. Surtout quand on la confronte au récit de Kathalyn, à la fois poignant, précis et empreint de vérité.

Claude lui-même se sentait menacé. À plusieurs reprises, il avait pu vérifier que ses inquiétudes étaient fondées.

En 1973, le Moulin de Dannemois brûle en pleine nuit. Claude est absent, mais sa compagne Isabelle et leurs deux enfants dorment paisiblement dans la belle bâtisse. Raymond, le frère d'Isabelle, réveille tout le monde en hurlant. Les flammes se déchaînent dans la remise du rez-de-chaussée, située juste au-dessous de la chambre de Claude. Bientôt, elles dévastent la propriété. Peu de choses ont pu être sauvées. Des meubles, vêtements, bijoux et souvenirs divers, il ne reste presque plus rien.

Plus tard, Isabelle dira : « J'ai toujours pensé que ce feu n'était pas dû au hasard. Je n'ai jamais écarté l'éventualité d'un acte criminel. D'autant que cet incendie survenait après plusieurs faits mystérieux. Deux semaines auparavant, un cocktail Molotov avait explosé dans le bureau de Claude, au 122 du boulevard Exelmans. Au 46, en deux mois, la sirène d'alarme de notre appartement s'était déclenchée trois fois. Des tentatives d'effraction, sans doute. En tout cas, je pressentais déjà quelque chose d'inquiétant… »

Quatre ans plus tard, dans la nuit du 25 au 26 juin 1977, le doute n'est plus permis. À 1 heure du matin sur l'autoroute du Sud, Claude est au volant et la Mercedes fonce dans l'obscurité. Depuis son entrée sur l'autoroute, il a remarqué qu'un véhicule le suit avec insistance. Soudain, les balles fusent. On tire et c'est la tête du chanteur qui est visée ! Accroché à son volant, il navigue entre les projectiles qui déchirent la nuit. Sur son ordre, les passagers se sont baissés. Il reste la seule cible mais parvient tout de même à conduire la voiture affolée jusqu'au portail du Moulin. Sauvés !

Les policiers chargés de l'enquête retrouveront onze points d'impact sur la carrosserie de la Mercedes. Une des balles au moins aurait dû être mortelle : celle qui a traversé la lunette arrière pour venir se loger dans le tableau de bord. Tirée dans la trajectoire de Claude, elle aurait dû l'atteindre à la nuque… Il ne fait aucun doute que ses assaillants ont voulu le tuer.

Quelques jours plus tard, un homme est arrêté. Apparemment un dangereux psychopathe qui n'en était pas à son coup d'essai. « Je pourrai enfin dormir tranquille », commente sobrement Claude François en apprenant l'arrestation. Neuf mois plus tard, il sera mort…

Curieusement, la version du psychopathe s'attaquant par le plus grand des hasards à Claude François ne convainc pas grand monde. D'autant que l'enquête, menée avec discrétion, n'a jamais répondu à certaines questions. Par exemple, comment un malade mental, seul, conduisant à plus de 150 km/h, a-t-il pu atteindre onze fois un véhicule qui cherchait à le fuir ? Difficile de croire que l'homme n'avait pas de complices. Mais l'affaire en est restée là, dans un climat d'indifférence. Au contraire exact de la mort « accidentelle » de Claude François, quelques mois plus tard.

Plus de trente ans après, on cherche toujours la vérité…

Jean Seberg

Le cadavre dans la Renault

8 septembre 1979. Dix jours ont passé. Dix jours pendant lesquels personne n'a rien remarqué. La rue du Général-Appert, dans XVIe arrondissement de Paris, abandonnée comme le reste de la ville par les Parisiens en vacances, est un passage à l'écart déjà peu emprunté par les piétons en temps normal. Alors là, tout au bout de l'été…

La voiture est donc restée garée là, une Renault blanche immatriculée 334 APK 75 que la police cherchait un peu partout ailleurs mais surtout pas dans cette rue où personne n'aurait l'idée de venir chercher quoi que ce soit.

Quand viendra le temps des explications embarrassées, il sera bon d'expliquer que la Renault était finalement assez bien dissimulée, entourée d'autres voitures qui la serraient de près, maquillée par une couche de poussière et de feuilles mortes, garée sous le nez de la police, à deux rues du commissariat le plus proche, ce qui est, paraît-il, le meilleur moyen d'échapper aux recherches.

À la tombée du onzième jour, le 8 septembre 1979, deux motards ont enfin stationné dans cette portion de rue, tout près de la Renault.

Ils ont regardé à l'intérieur, il n'y avait rien d'autre qu'un objet volumineux enveloppé dans une couverture bleue et coincé entre les sièges avant et arrière.

Quand l'un des deux motards a ouvert la portière non verrouillée, il a été saisi par l'odeur pestilentielle qui se dégageait de l'habitacle. Luttant contre la nausée, il a soulevé la couverture et découvert un corps si décomposé qu'il n'était plus identifiable. À ses côtés se trouvait un tube de barbituriques et une bouteille d'eau minérale vide.

Rien ne pouvait permettre de reconnaître ce corps. Et pourtant, le doute n'a pas effleuré l'esprit des deux motards ou des journalistes arrivés peu après sur les lieux : Jean Seberg avait cessé de vivre depuis onze jours déjà et elle avait manifestement choisi de se donner la mort. La fin d'une aventure qui avait duré vingt ans. Vingt ans de gloire et de larmes, de succès et de déchéances, de violence et de joies éphémères, d'amours et de haines destructrices. Vingt ans pour faire oublier dans la froideur de la mort les rêves enflammés d'une petite fille qui avait tout pour être heureuse.

C'est en 1957, elle a alors à peine plus de dix-huit ans, que Jean Seberg tourne son premier film sous la direction d'Otto Preminger. Choisie parmi trois mille candidates, cette petite blonde inexpérimentée s'est pourtant imposée naturellement pour interpréter le rôle de Jeanne d'Arc dans *Sainte Jeanne*. Adapté d'une pièce de théâtre, le film connaîtra un destin catastrophique. On se demande encore comment Otto Preminger, auteur de tant de chefs-d'œuvre, a pu rater à ce point *Sainte Jeanne*. Le résultat est pourtant là : dès la sortie du film, les critiques pleuvent de partout, et rien ne vient le sauver du naufrage si ce n'est que, aux yeux des critiques la jeune Jean Seberg réussit à être épargnée du désastre, plus par ses qualités naturelles, d'ailleurs, que par une quelconque expérience du métier.

Otto Preminger lui-même ne s'y est pas trompé, puisque, quelques mois après, il lui confie le rôle de Cécile dans *Bonjour tristesse*, adapté du roman de Françoise Sagan. Cette fois, le succès est au rendez-vous, et Jean Seberg récolte un grand nombre de critiques enthousiastes pour ce rôle, celui d'une jeune fille vivant avec son père veuf et qui va se heurter à sa future belle-mère.

À vingt ans, Jean Seberg épouse l'avocat français François Moreuil et vient vivre à Paris. C'est son premier grand séjour en France, ce ne sera pas le dernier. Son mariage dure très peu de temps, deux ans à peine, puisqu'ils divorcent en 1960. C'est l'année où elle tourne *À bout de souffle*, de Jean-Luc Godard, aux côtés de Jean-Paul Belmondo. Elle y interprète Patricia, jeune Américaine qui vend le *Herald Tribune* sur les Champs-Élysées, pour payer ses études. En quelques semaines, Jean Seberg devient l'icône de la Nouvelle Vague et sa célébrité est décuplée par son physique, virginal autant que tourmenté. Elle semble porter en elle, et notamment dans son regard, toute l'indécision, l'incompréhension, la révolte et les tourments de la jeunesse des années 1960.

Dans les années qui suivent, elle va tourner beaucoup, et ses meilleurs films, d'ailleurs, avec des réalisateurs français. Jean Valère, pour *Les Grandes Personnes*, Philippe de Broca, pour *L'Amant de cinq jours*, Claude

Chabrol pour *Les Plus Belles Escroqueries du monde*, Jean Becker, pour *Échappement libre*, Claude Chabrol encore pour *La Ligne de démarcation*. Mais si elle tourne beaucoup en France, elle a choisi de mener ses combats aux États-Unis.

C'est à la fin des années soixante qu'elle utilise sa célébrité pour des causes politiques, notamment celle des Amérindiens et des Black Panthers. Un engagement sans concession qui lui vaut d'entrer en conflit avec le FBI. Le Bureau la considère comme une ennemie, au point que John Edgar Hoover, son patron, demande qu'elle soit neutralisée. Pour ne rien arranger dans ses relations avec le FBI, et encore moins dans le regard que l'Amérique lui porte, elle officialise un temps une liaison avec le militant des Black Panthers et président de l'Organisation de l'unité afro-américaine Hakim Jamal, qui abandonne femme et enfants pour la suivre à Paris.

Il faut dire qu'entre-temps, en 1962, elle s'est mariée avec le grand écrivain français Romain Gary, héros du gaullisme et de la France Libre, avec lequel elle tournera notamment *Les oiseaux vont mourir au Pérou*. Après avoir vécu un amour fou les deux premières années, le couple s'est rapidement délité, au point que Jean Seberg a pu entamer cette liaison avec le militant des Black Panthers et qu'elle a connu d'autres aventures, scandalisant les États-Unis et devenant une pestiférée dans son propre pays.

En août 1970, elle est enceinte de sept mois et en instance de divorce de Romain Gary. Nul ne sait qui est le père de l'enfant, elle ne dit rien, Romain Gary non plus, mais le FBI lance une campagne qui va être reprise par les journaux américains : l'enfant aurait été conçu non par Romain Gary, mais par un membre des Black Panthers. En vérité, on apprendra plus tard que le père est le Mexicain Carlos Navarra, un étudiant rencontré lors d'un tournage. Hélas, la petite Nina qui naît le 23 août décède deux jours plus tard. Jean Seberg, traumatisée pour toujours par la perte de sa fille, tient officiellement le FBI pour responsable de cette tragédie.

En 1972, elle épouse en troisièmes noces Dennis Berry, réalisateur et fils de John Berry. Elle va s'en séparer très vite et souhaitera même un divorce rapide pour pouvoir épouser Ahmed Hasni en 1978. Mais elle a voulu aller trop vite : son divorce n'ayant pas été prononcé au préalable, le mariage qu'elle a contracté avec Ahmed Hasni n'a pas de valeur légale. On le voit, la vie de Jean Seberg n'est qu'un tourment permanent, une suite d'actions désordonnées et incohérentes. Et pas seulement sa vie amoureuse.

Un jour, dans une interview, elle déclara que sa vie avait changé du tout au tout à partir du moment où elle avait tourné le film de Godard *À bout de souffle*, où elle tenait un rôle difficile, dont elle disait : « Il m'a marquée à vie. Il a fait de moi une autre femme, différente, plus fragile. »

C'est vrai qu'il ne faut pas chercher de raisonnement dans toutes ses frasques, sa volonté de se heurter à plus fort qu'elle, son goût aussi pour les opérations suicidaires. Même si elle avait fait de la France son pays d'adoption, rien ne l'obligeait à se mettre à dos les Américains, comme elle l'a fait.

Mais elle était partie dans son délire, et plus rien ne pouvait l'arrêter. À toutes ses blessures s'ajoutèrent des problèmes d'alcoolisme et de drogue. Comme une mauvaise habitude, elle entreprit de tenter de se suicider à chaque date d'anniversaire de la perte de sa fille. En 1978, elle se jeta même sous une rame de métro à Paris et s'en tira par miracle. C'était moins d'un an avant sa disparition.

Tout s'est fracassé un jour, sans trop de bruit : la jolie Américaine que le monde entier adorait était allée trop loin, trop vite pour son époque.

À la fin des années 1960, combattre pour les droits des Noirs et des Indiens, s'associer à la lutte des Black Panthers, fraterniser avec les autres races, c'était entrer en guerre avec l'Amérique.

Dans les années 1970, Jean Seberg a entamé le chemin d'une longue décomposition. Tout devait mal finir et tout s'est mal fini, un jour de la fin août, dans une voiture stationnée au bord d'un trottoir sans vie.

Que Jean Seberg se soit suicidée à quarante ans, il semblait n'y avoir aucun doute là-dessus.

D'autant que l'on avait retrouvé une lettre d'adieu à son fils, Diego, une lettre considérée comme une preuve absolue. Bien mystérieux, pourtant, le destin de cette lettre dont on ne parla pas d'emblée, que l'on évoqua dès qu'il y eut des doutes sur les circonstances de la mort de Jean Seberg. Et que l'on ressortit à plusieurs reprises dès que de nouvelles rumeurs circulaient.

Que disait-elle, cette lettre adressée à Diego, son fils, lequel ne la recevra que deux semaines après la disparition de sa mère ? Sur ce petit mot, dont il ne fait aucun doute qu'il était bien signé par Jean Seberg, elle lui disait ceci : « Diego, mon fils chéri, pardonne-moi. Je ne pouvais plus vivre. Comprends-moi. Je sais que tu le peux et tu sais que je t'aime. Sois fort. Ta maman qui t'aime. »

Il restait pourtant un point incompréhensible, quelque chose qu'on n'arrivait pas à expliquer. Que s'était-il passé pour que cette femme se retrouve dans cette voiture, après avoir brutalement disparu de son domicile ? Onze jours avant ce 8 septembre, date de la découverte du corps, Jean Seberg avait quitté le 125 rue de Longchamp, nue sous son manteau, avec pour seul bagage une bouteille d'eau, selon les dires de son dernier compagnon, le dénommé Ahmed Hasni. Un compagnon qui la terrorisait, qui la frappait. Qui l'angoissait aussi parce qu'il était lié à un trafic de stupéfiants, ce dont Jean Seberg avait manifestement connaissance. En dehors des soupçons de la police, il y avait tous les gens que Jean Seberg avait pu croiser à l'appartement, tout ce qu'elle entendait des conversations téléphoniques. Dans les derniers jours de sa vie, elle était affolée et alertait tous ses amis, persuadée qu'elle serait malgré elle mêlée à ces agissements louches. Elle était terrorisée par Hasni, ses amis le savaient depuis longtemps, mais désormais il y avait autre chose qui la terrifiait, autre chose que les coups, une menace qui l'aurait fait fuir dans la nuit, onze jours avant que l'on retrouve son cadavre.

Dans les semaines qui suivirent, la police parisienne allait pourtant démontrer qu'elle avait des doutes sur la réalité du suicide de l'actrice. Le rapport d'autopsie avait révélé un pourcentage alarmant d'alcool dans le sang, près de 8 % par litre. Excepté chez certains alcooliques invétérés, 6 % provoquent généralement le coma. La police était bien forcée de se demander comment elle avait été capable de conduire. Aucune bouteille d'alcool n'ayant été trouvée dans la voiture, Jean Seberg n'avait donc pas pu boire après l'avoir garée. Enveloppée comme elle l'était dans une couverture, il n'était pas pensable qu'elle soit allée dans un endroit public un peu plus tôt.

Il est possible, et c'est une des pistes retenues par l'enquête, que quelqu'un l'ait conduite rue du Général-Appert et abandonnée. Autre détail troublant : en fouillant son appartement, rue de Longchamp, dans le XVIe arrondissement de Paris, la police avait découvert une valise remplie d'argent, le permis de conduire de Jean Seberg qu'elle avait dit avoir perdu plusieurs mois auparavant et ses lunettes sans lesquelles, tous ses amis devaient le confirmer, elle était incapable de conduire.

Près de six mois après sa mort, le procureur demandait la réouverture du dossier. Sur ordre du juge Guy Joly, une plainte était déposée contre X pour non-assistance à personne en danger. On soupçonnait qu'une ou plusieurs personnes aient pu se trouver près d'elle et la voir attenter à sa vie sans rien faire pour l'en empêcher.

Une autre piste ne devait être qu'effleurée : et si Jean Seberg ne s'était pas suicidée ? Et si elle avait été assassinée ?

Oui, mais par qui ? Par le FBI ou la CIA ? Et pourquoi ? Elle menait depuis longtemps une vie qui devenait chaque jour un peu plus déréglée et sordide. Elle avait depuis longtemps l'Amérique pour ennemie et le FBI pour la surveiller de jour comme de nuit. Entre les Panthères noires aux États-Unis, le FLN algérien et les révolutionnaires mexicains, elle ne faisait pas dans le détail de ses affinités électives et ne doutait donc pas d'être espionnée à la fois par la CIA, le FBI et tous les services secrets de la planète. On complotait contre elle, elle en était certaine, on voulait la tuer, se débarrasser d'elle pour toujours, et sa descente aux enfers, par l'alcool et la drogue, n'était que la concrétisation de toutes ses peurs.

Paranoïaque, Jean Seberg ? Sans doute, mais aujourd'hui elle était morte. Un peu comme elle le redoutait. Il y a des coïncidences douloureuses.

Celui qui détenait dans son cœur une grande partie de la vérité, c'est Romain Gary, l'ex-mari foudroyé par la mort de Jean, et qui se suicidera quelques années plus tard.

Le 10 septembre, il donne une conférence de presse au cours de laquelle il accuse :

« C'est le FBI, la police fédérale des États-Unis, qui est la cause indirecte de la mort de Jean Seberg. » Et il enchaîne en rappelant les persécutions dont elle a été victime au début des années 1970, le harcèlement subi au moment de sa grossesse et de la naissance de sa fille, suivie d'une mort tragique dont le traumatisme ne s'est jamais effacé.

Romain Gary accuse mais, sur le fond, sa version ne diffère pas de la version officielle : pour lui comme pour les enquêteurs, Jean Seberg s'est suicidée. Quant à savoir pourquoi, c'est une autre histoire…

On touche là au plus profond d'un mystère né d'une destruction. Destruction par les autres ou autodestruction ?

La longue déchéance de Jean Seberg, sa chute dans la drogue posent trop de questions pour qu'on n'oublie pas d'en aborder d'autres encore auxquelles font penser certains indices qui n'appartiennent ni au rêve, ni à l'irréel. Et si on l'avait « aidée » à mourir ? Concrètement, physiquement et non par persécution.

Une question qu'on n'a jamais posée, et qui demeurera éternellement sans réponse.

Natalie Wood

Noyade mortelle

Elle vient de fêter ses quarante-trois ans quelques mois plus tôt. Et c'est comme si chacun de ses anniversaires était un exploit en soi.

Nous sommes en 1981 mais il y a déjà quelques années que l'Amérique tout entière, qui l'aime comme on aime ses enfants, l'a surnommée « la survivante n° 1 ».

C'est vrai qu'elle a propulsé sa vie par-delà les triomphes et les tragédies, participant aux plus grands films et croisant les acteurs les plus mythiques, noyant ses amours dans la passion et dans les larmes, se donnant au cinéma comme à un amant, chassant obstinément la mort pour la voir s'abattre sur ceux qu'elle aimait.

En quarante-trois ans, elle a eu vingt vies et, si elle y a survécu, elle n'en est pas sortie indemne. À Hollywood, il n'y a pas de femme intacte.

Fille d'une danseuse et d'un décorateur de cinéma, elle a tourné son premier film à quatre ans. Un hasard et un tout petit bout de rôle. Suffisant pour que le public et le metteur en scène la remarquent. Deux ans plus tard, Irving Michel la fait tourner à nouveau. Pour *Tomorrow Is Forever*, il lui donne un vrai rôle aux côtés de Claudette Colbert et d'Orson Welles, lequel dira simplement à la fin du tournage : « Cette enfant est terrifiante de naturel. »

Elle enchaîne les films, devient la nouvelle Shirley Temple, entre dans la légende en 1955 avec *La Fureur de vivre* puis d'autres chefs-d'œuvre comme *La Prisonnière du désert*, *La Fièvre dans le sang*, *West Side Story*.

Elle enchaîne les amours ratées aussi régulièrement qu'elle accumule les films réussis. À dix-neuf ans, elle se fiance avec Nicky Hilton, le magnat de l'hôtellerie mondiale, puis rompt quelques jours plus tard. C'est le temps des idylles qui ne durent parfois que quelques jours, voire quelques heures. Entre les vrais coups de cœur et ceux qu'on lui prête, la presse à scandale ne s'y retrouve plus.

En 1957, quelques mois après l'épisode Nicky Hilton, elle épouse Robert Wagner, l'un des jeunes premiers les plus en vue d'Hollywood. Quoi qu'en pensent les gazettes qui crient au nouveau coup de foudre sans lendemain, c'est d'une véritable histoire d'amour qu'il s'agit. Natalie est amoureuse de Robert depuis l'âge de dix ans, quand elle l'a croisé pour la première fois dans les couloirs de la compagnie cinématographique qui les employait tous les deux. En écoutant battre son cœur, elle a compris à ce moment-là qu'il se passerait un jour quelque chose de fort entre eux. En épousant Robert moins de dix ans plus tard, elle donne une réalité à son rêve de petite fille :

« Tu vois ce garçon, là-bas, un jour je me marierai avec lui », avait-elle dit alors à sa mère. Il y a donc même des rêves d'enfant qui se réalisent.

Après cinq ans d'un bonheur insoutenable à force d'en être parfait, elle divorce sans que personne comprenne pourquoi. Tout simplement, peut-être, parce qu'elle a vingt-cinq ans et une furieuse envie de vivre. En tout cas pas parce qu'elle n'aime plus Robert. Quelques mois plus tard, elle se fiance à Warren Beatty puis rompt pour épouser le producteur Arthur Lowe dont elle divorce pour se remarier avec un autre producteur, Robert Gregson, auquel elle donne une fille, Natacha.

Dix années passent, faites de coups d'éclat, de grands succès et de petits caprices, d'amours fugitives et de mariages ratés. En 1972, à nouveau divorcée, elle choisit d'épouser une seconde fois Robert Wagner, et de l'épouser sur un yacht parce qu'ils aiment tous deux l'océan par-dessus tout. Avec lui, elle a une deuxième fille, Courtney, et retrouve un équilibre que lui seul semble capable de lui donner. Les années défilent qui la voient s'épanouir en actrice recherchée, en mère comblée et en épouse amoureuse. À moins que tout cela ne soit au bout du compte qu'un mauvais film truffé de clichés qui n'ont même pas le mérite de refléter la réalité.

Peu à peu s'insinue l'idée qu'elle n'est pas si heureuse que cela, que le cinéma ne lui a plus donné un grand rôle depuis bien longtemps, qu'elle tremble à l'approche de la quarantaine, a commencé de lasser son mari à force de crises et de caprices, qu'elle souhaite de plus en plus ardemment se retirer du monde… Sa vie part de travers et elle ne fait rien pour en corriger la trajectoire : elle achète une somptueuse maison à Beverly Hills et l'emplit de chefs-d'œuvre d'artistes français mais montre très vite qu'elle ne peut pas vivre dans sa maison. En effet, elle souffre de claustrophobie et passer plus d'une journée chez elle devient un supplice. La petite fiancée de l'Amérique est mal dans sa peau, dans sa vie, dans son mariage. On l'imagine mal vieillir ainsi. D'ailleurs, elle ne vieillira pas.

En apparence, la soirée du 28 novembre 1981 avait bien commencé. Au Doug's Harbour Reef Saloon, un bar situé au fond d'une crique de Santa Catalina, Natalie, Robert et leur ami, l'acteur Christopher Walken, prennent un verre pour décompresser après la journée de tournage de *Brainstorm.* On boit beaucoup, on signe des autographes, on s'attarde tellement qu'on reste jusqu'à la fermeture. Puis le trio rejoint le yacht et, au bout d'un moment, Natalie va se coucher. Quand son mari la rejoint, la cabine est vide. Des recherches sont lancées et, le lendemain à 7 h 45, son corps sans vie est retrouvé à 2 kilomètres du yacht, flottant à côté du dinghy qui avait disparu lui aussi et dont le moteur est arrêté.

Quelques heures plus tard, Christopher Walken fait sa déposition aux enquêteurs :

« Une fois revenus à bord, nous avons eu une petite dispute, Robert et moi. Je suis sorti de la cabine pour prendre l'air quelques minutes. Lorsque je suis revenu, Natalie était encore là, bouleversée. Je me souviens l'avoir vue partir et j'ai pensé qu'elle était allée se coucher. »

Quatre jours plus tard, Christopher Walken revoit les enquêteurs et précise ses déclarations :

« Robert et Natalie étaient dans le salon. Ils avaient pas mal bu et ils avaient une de leurs grandes discussions "cartes sur table". Robert lui reprochait d'être trop souvent absente de la maison, éloignée de leurs enfants, se plaignant que leur vie de famille pâtisse de son comportement.

« Je suis alors intervenu en avançant qu'elle était actrice et libre de décider de sa vie, puis j'ai réalisé qu'après tout cette discussion entre un mari et sa femme ne me regardait pas. Je suis donc sorti un instant et, lorsque je suis revenu, tout semblait aller mieux… Robert s'est même excusé. »

La deuxième version est tout de même assez différente de la première. Et il y a déjà là quelque chose de troublant. Plus troublants encore, les souvenirs des autres témoins de la fin de soirée. Ainsi le capitaine et le barreur se souviennent-ils de « l'insoutenable tension qui régnait à bord du yacht », tension dont ils affirment tous deux qu'elle a atteint son paroxysme lorsqu'une violente dispute a éclaté entre les deux époux :

« J'ai croisé M. Wagner alors qu'il retournait sur le pont, a raconté le capitaine. Il était tout ébouriffé et en nage, comme s'il sortait d'un terrible affrontement. »

Aveu stupéfiant, fait quelques jours après la mort de Natalie Wood et qui pourtant n'a été rendu public qu'au début de l'année 2000.

Ce qui n'empêche pas la police d'en avoir largement tenu compte au moment de son enquête, hésitant sans cesse entre trois thèses : l'accident, le suicide et une dernière moins facile à évoquer, le meurtre. Mais tout le monde sait qu'à l'époque, et dans les années qui ont suivi, les soupçons ont pesé lourdement sur Robert Wagner. L'idée qu'il ait voulu se débarrasser de sa femme ne paraissait pas extravagante : on savait que le couple allait mal et que Natalie Wood était devenue infernale.

Toujours selon Dennis Daverne, le capitaine du bateau, il y a donc eu dispute violente entre les deux époux dont l'état d'ébriété était aussi avancé que celui de leur ami, Christopher Walken. D'ailleurs, outre le taux d'alcoolémie impressionnant relevé dans le sang de la victime, le détail de la note du restaurant où ils avaient festoyé avant de retourner au yacht est éloquent : à eux trois, ils avaient ingurgité deux bouteilles de champagne, deux bouteilles de vin ainsi que plusieurs daiquiris. Reste des éléments troublants qui empêchent de croire au banal accident. Par exemple, comment expliquer que personne, parmi tous ceux qui étaient à bord, n'ait perçu les appels au secours de la malheureuse, alors que des plaisanciers croisant à proximité ont rapporté avoir entendu des cris de femme ?

Pour quelle raison Natalie Wood, que l'on a retrouvée vêtue d'une robe de chambre en flanelle, était-elle couverte de bleus ?

Pourquoi, alors qu'elle était terrifiée par l'eau, en particulier la nuit, se serait-elle chargée de rattacher le canot, tâche que le capitaine pouvait parfaitement remplir, d'autant que le temps était orageux ?

Reste le plus important : la vérité des rapports unissant les trois personnages principaux du bateau.

Depuis plusieurs jours, Natalie Wood entretenait un flirt assez poussé avec Christopher Walken… le plus souvent sous les yeux de son mari. Une folie de plus ? Une provocation ?

Il apparaît surtout que la jeune femme voulait se venger à sa manière de l'indifférence de son mari à son égard, devenue flagrante pour tous leurs proches.

En fait, elle soupçonnait fortement Robert d'entretenir une liaison avec Stefanie Powers, déjà à l'époque sa partenaire dans la série *Pour l'amour du risque*. Unis à l'écran, les deux acteurs l'étaient aussi visiblement dans la vie, au point que son alliance d'actrice, Stefanie la conservait précieusement à son doigt hors des plateaux. Ultime élément troublant : le mari de Stefanie Powers, William Holden, avait lui-même été retrouvé mort dans son appartement de Santa Monica, moins de deux semaines avant la disparition de Natalie Wood. Avec un taux d'alcool dans le sang trois fois supérieur à celui normalement autorisé.

Et si les deux amants avaient voulu se débarrasser des deux époux encombrants ?

Bien sûr que la police y a pensé, à ce moment-là. Elle n'était pas la seule. Et ce n'est pas un hasard si certains témoignages ou déclarations sont ressortis dix-huit ans après les faits.

Trop tard sans doute pour que l'on découvre enfin ce qui s'est réellement produit dans la nuit du 29 novembre 1981. En acceptant que le mystère demeure et en classant le dossier, le Coroner a fait abstraction d'une seule certitude : quelle que soit la vérité, les choses n'ont pas pu se passer telles qu'elles ont été racontées par Robert Wagner et Christopher Walken. Le reste appartient à la longue légende des morts inexpliquées.

près de vingt ans, un article sur la tragédie au moins est-il publié chaque semaine à travers le monde. Et chaque article vient s'ajouter à la cohorte d'articles écrits ou d'enquêtes menées dans les premières années. Tous n'ayant qu'un seul but : résoudre le mystère de la mort de Grace.

Tout avait commencé comme dans un film d'Hitchcock, sauf qu'ici le film se joue dans la réalité et dure depuis des années.

Ce matin du 13 septembre 1982, la famille de Monaco est réunie au complet à Rocagel. À l'exception de Caroline qui séjourne alors en Angleterre.

Perché au sommet du mont Agel, Rocagel est une propriété agricole qui domine Monaco, recroquevillée huit cents mètres plus bas.

De Rocagel, on aperçoit aussi, sur la droite, la baie de Nice et, sur la gauche, la côte italienne. Avec partout, la mer en toile de fond. C'est là que les Grimaldi prennent leurs quartiers d'été lorsque la chaleur de la Côte d'Azur devient trop étouffante. Pour se rendre à Rocagel ou en revenir, une seule route : le chemin départemental 37. Une route ? On se demande surtout si ce n'est pas le diable lui-même qui l'a dessinée. Étroite et à très forte inclinaison, additionnant les tournants, elle serpente dangereusement. D'un côté les roches, de l'autre un précipice dont la seule protection est matérialisée par des murets d'une vingtaine de centimètres de haut.

Sur ce chemin de tous les dangers, les accidents ne se comptent plus. Caroline en a déjà été victime, tout comme Mme Berti, directrice du Centre de presse de la principauté. Des épisodes heureusement sans conséquences. Mais ce chemin, la princesse Grace ne l'aime pas. Alors, pourquoi prend-elle le volant ce 13 septembre 1982 ? Ce matin-là, après avoir pris leur petit déjeuner, Grace et Stéphanie se dirigent vers la Rover. Elles doivent se rendre au palais où elles ont mille choses à faire avant de prendre le train, le soir même, pour Paris.

Livrées la veille, des robes du soir ont été installées sur la banquette arrière de la voiture. Il n'y a donc de place que pour deux passagers, le chauffeur étant tenu de rester à Rocagel.

À 9 h 45, la Rover se met en route. À 9 h 54 – la pendule brisée du tableau de bord en témoigne –, la voiture s'écrase quarante mètres plus bas dans un jardin potager. Que s'est-il donc passé dans les secondes qui ont précédé l'accident ?

Après avoir traversé le village de La Turbie, la Rover atteint l'endroit où trois virages dangereux sont signalés. Un poids lourd la suit à distance. On apprendra bien plus tard le témoignage du chauffeur, un certain Yves Raimondo. Le drame commence à se jouer à une centaine de mètres du troisième tournant. La Rover se met à zigzaguer et « égratigne » le bord de la route : « On aurait cru un manque d'attention, raconte Yves Raimondo. J'ai klaxonné et le véhicule s'est redressé durant quelques dixièmes de seconde. Ensuite, je ne sais pas ce qui s'est passé. Au virage à droite, je n'ai pas vu la voiture ralentir. Les lumières des freins ne se sont pas allumées. Elle n'a même pas essayé de braquer et j'ai eu l'impression que la voiture allait de plus en plus vite. Elle a disparu par-dessus le bord. »

Rebondissant, la Rover est tombée quarante mètres plus bas, sur le côté droit. La roue arrière gauche et les roues avant font face au ciel. Pas très loin du jardin potager où repose la voiture, se trouve une petite maison peinte en rouge. Deux hommes se précipitent et sortent Stéphanie par la portière avant gauche. Pendant ce temps, un autre camionneur descend la pente pour venir prêter main-forte. « Derrière, au milieu des vêtements, il y avait une femme étendue sur la banquette, la tête reposant contre la vitre côté arrière. Je lui ai demandé si tout allait bien. Elle n'a pas répondu. Quelqu'un m'a dit de la laisser et de ne toucher à rien. » Les gendarmes ont constaté plus tard que les ceintures de sécurité n'étaient pas bouclées.

En état de choc, Stéphanie marche seule et titube vers la maison rouge. Elle s'assoit sur le seuil, répétant inlassablement : « Maman est morte ! Vous devez aider maman. » À l'épouse du propriétaire de la maison, elle dit : « Vous devez prévenir papa. »

« Qui est papa ? », demande gentiment la femme. « C'est le prince. Je suis sa fille, Stéphanie, et maman est dans la voiture. »

À 10 heures, soit six minutes après l'accident, la gendarmerie est alertée. Elle est sur place à 10 h 10, avec deux ambulances. Stéphanie est emportée dans la première. Pour extraire Grace de la Rover, les gendarmes doivent briser la glace de la vitre arrière et placent la princesse sur un brancard dans la seconde ambulance. Un témoin remarque qu'elle a les yeux grands ouverts, une profonde blessure sur le haut du front et « la jambe droite qui n'est pas dans une position naturelle ». Trente-six heures plus tard, au quatrième étage de l'hôpital qui porte son nom, à 22 h 30 le mardi 24 septembre 1982, la princesse Grace de Monaco – l'électro-encéphalogramme devenu plat – est déclarée morte.

Le mystère peut s'installer puisque, dans un premier temps, rien de tout ce qui précède ne sera su. Rien d'autre que le communiqué du palais qui, sans plus de détails, évoque une possible défaillance des freins de la Rover !

C'est peu pour la vérité, beaucoup pour la rumeur. Et celle-ci ne cessera d'ailleurs de s'enflammer dans les jours, les mois et même les années qui vont suivre.

Quand l'accident est survenu, la presse a réagi sans trop d'empressement. Dès l'annonce de la mort de Grace, c'est la ruée vers le palais. Des centaines de journalistes venus du monde entier se pressent devant l'entrée. On ne leur donne pas d'explications, alors qu'ils en réclament. Les rumeurs commencent alors à circuler.

Selon le communiqué publié juste après l'accident, il pourrait s'agir d'une défaillance des freins de la Rover. Soupçon accentué par le fait que le prince Rainier a rapidement fait recouvrir la voiture d'une bâche, avant qu'elle soit remorquée à Monaco et, après expertise, rapidement broyée à la casse.

Il apparaît aujourd'hui que la voiture était remarquablement entretenue, que les freins fonctionnaient parfaitement et que les enquêteurs ont pu procéder à toutes les expertises nécessaires avant que la Rover ne soit détruite.

Très vite, une nouvelle rumeur voit le jour : ce n'était pas la princesse Grace qui était installée au volant, mais sa fille Stéphanie, alors âgée de dix-sept ans.

Conductrice inexpérimentée, elle aurait raté le virage et, comme elle n'avait pas de permis de conduire, tout a été fait pour camoufler les faits. Cette théorie repose sur les témoignages affirmant que Stéphanie était sortie par la portière du conducteur. Et c'est la vérité, à ce détail près qu'il n'y avait pas d'autre issue, comme le démontre le témoignage de Jacques Provence, directeur de l'hôtel Loews à Monte-Carlo. À cette époque, Jacques Provence louait un appartement dans la maison de Sesto Lequio, l'horticulteur dans le jardin duquel s'est écrasée la Rover.

« Au moment de l'accident, j'étais dans la maison avec un ami. Nous sommes sortis dans la cour et avons couru jusqu'à la voiture qui était tombée sur le toit. Michel Pierre, qui habite une villa voisine, est venu nous rejoindre. À l'intérieur de la voiture, quelqu'un criait. Il fallait l'en extraire, mais, sous le choc, les quatre portières restaient bloquées. Michel Pierre est alors allé chercher une masse chez lui et nous avons forcé la porte avant gauche, la seule que nous ayons réussi à ouvrir. »

Plus importants encore, des témoignages non connus à l'époque prouvent que c'est bien Grace qui se trouvait au volant. Tel celui de l'ambassadeur américain John Louis dont la voiture, ce matin-là, a dépassé la Rover dans la descente vers Monaco. Tout comme sa femme, il a parfaitement vu les deux princesses à bord du véhicule, et c'était bien Grace qui conduisait.

Tout aussi primordial, le récit du gendarme Frederix Mounamia : « Ce jour-là, à 9 h 45, j'étais en compagnie de mon collègue Robert Raffaelli. Nous étions à La Turbie, avenue du Général-de-Gaulle, à la hauteur de la boulangerie Boule de Neige. Nous étions sur un passage clouté, prêts à traverser. Une Rover est arrivée et s'est arrêtée pour nous laisser passer. J'ai reconnu la personne qui conduisait : c'était la princesse Grace en compagnie de sa fille, la princesse Stéphanie, qui était assise à sa droite. »

Irréfutable. Ce qui n'empêche pas que, depuis dix-sept ans, on trouve encore des personnes pour affirmer qu'elles « savent » : c'est bien Stéphanie qui était au volant. La rumeur est d'autant plus tenace que Stéphanie a longtemps refusé d'en parler, même à son père.

Et lorsqu'elle y est enfin parvenue, le récit de son souvenir était trop troublé pour ne pas prêter le flanc à d'autres rumeurs, d'autres hypothèses. « Ma fille a décrit l'accident en ces termes, a confié le prince Rainier cinq mois après le drame : “Maman a été prise de panique. Elle ne savait plus quoi faire. Elle a perdu le contrôle de la voiture.” Elle n'a rien dit d'autre. Je ne veux pas la questionner. Peut-être, avec le temps, parviendra-t-elle un jour à parler davantage… »

De ce trouble de Stéphanie, si compréhensible, allait tout de même naître une autre hypothèse : si Grace avait perdu le contrôle de sa voiture, cela impliquait fatalement qu'il s'était passé quelque chose d'anormal. « Elle ne savait plus quoi faire », avait dit l'adolescente. Et s'il ne s'agissait pas d'un accident, mais d'un sabotage fomenté par la mafia ? Soudain, la phrase terrible est lâchée : Grace a été assassinée. Pourquoi ? Parce que la mafia des jeux entendait faire main basse sur le casino de Monte-Carlo. Un bon moyen de blanchir de l'argent, et surtout celui amassé dans le trafic de la drogue.

Seulement, face à cette machination dont Rainier ne voulait pas entendre parler, Grace se serait dressée. Grace, l'Américaine de naissance qui savait quels ravages peut faire la mafia. Grace, la femme d'honneur et de droiture qui se battrait de toutes ses forces. La princesse était donc un obstacle infranchissable : il fallait l'éliminer par tous les moyens. Et en même temps, montrer à Rainier qu'on ne plaisantait pas. Que tous les coups étaient permis, y compris s'attaquer à sa femme et à sa fille.

La théorie tenait d'autant plus sûrement que la précipitation avec laquelle on avait mené l'enquête, les explications nébuleuses et la façon discrète dont bien des indices semblaient avoir été étouffés pouvaient passer pour de la panique. Frappé par la douleur d'avoir perdu sa femme, le prince ne voudrait plus, désormais, prendre le moindre risque qu'on touche à ses enfants…

Ulcérée par ces rumeurs, la famille américaine de Grace, soutenue par ses proches à Philadelphie – la ville qui avait vu grandir la future princesse –, a alors voulu en avoir le cœur net. Elle a chargé un bureau d'investigation américain de mener une enquête approfondie sur le mystère de sa mort. Cette enquête a duré trois ans. Et il n'a plus été question de freins défaillants, de Stéphanie au volant ou de mafia.

À la fois simple et tragique, la vérité est que Grace de Monaco est décédée à cause d'un accident cérébral. Une vérité confirmée par Stéphanie lorsque, quelques années après l'accident, elle réussira à raconter ce moment si tragique de sa vie : « Stéphanie, aide-moi, je ne peux plus rien voir », lui avait soudain crié sa mère. Alors, la jeune fille avait bien tenté de mettre le frein à main, mais en vain. Quelques secondes plus tard, la voiture folle basculait dans le vide.

Restait à savoir si la princesse était morte à cause d'un accident cérébral ou des suites d'un tel accident. Plus clairement, serait-elle morte si la voiture ne s'était pas écrasée après avoir plongé dans le vide ?

On ne doutait plus désormais que l'accident cérébral avait provoqué l'accident de voiture. Mais ses conséquences étaient-elles irréversibles ? Et surtout, compte tenu du flou et de l'exécrable diagnostic des premiers communiqués, les médecins chargés de soigner Grace avaient-ils fait tout ce qu'il fallait ? Il restait un dernier mystère à résoudre : et si la princesse avait pu être sauvée…

Tout commence vingt minutes après l'accident. Le professeur Charles-Louis Chatelin, chirurgien en chef de l'hôpital Princesse-Grace-de-Monaco, part en hâte examiner sur place la blessée, quand il croise l'ambulance déjà en route pour l'hôpital.

Il examine Grace au service des urgences : « La princesse était à peine consciente. Elle réagissait à la douleur mais non à la parole. » Il la place en réanimation avant de pousser plus loin son examen. Elle présente un traumatisme crânien avec plusieurs blessures au front. Elle est également atteinte au poumon (pneumothorax), sans compter que de l'air et du sang circulent dans son thorax et qu'elle porte par ailleurs de multiples hématomes et coupures. Comme si ce n'était pas suffisant, elle souffre de nombreuses vertèbres brisées et son fémur droit est fracturé. Un traumatisme crânien rend l'anesthésie impossible.

Le professeur Chatelin administre un analgésique et un narcotique, puis se met au travail pour réparer les dommages : la blessure à la tête, la fracture du fémur. Il ouvre le thorax pour évacuer l'air et le sang, sinon elle ne pourrait plus respirer. Puis le professeur répare l'estomac où une hémorragie interne menace de se déclarer. Après quatre heures de soins, Grace sombre dans un coma tenu sous surveillance permanente par l'électro-encéphalogramme. Le traitement a été méticuleusement appliqué avec l'assentiment du professeur Duplay, chef du service de neurochirurgie de l'hôpital de Nice. À ce stade, les deux médecins décident que le cerveau de Grace doit être examiné au scanner.

Nous y reviendrons, mais on peut déjà s'étonner que plusieurs heures se soient écoulées avant que les médecins choisissent d'utiliser un scanner. D'autant qu'une fois la décision prise, les conditions matérielles vont se liguer contre la princesse.

Des travaux en cours dans l'hôpital Princesse-Grace ont contraint la direction à installer provisoirement au deuxième étage, chez un médecin privé de Monte-Carlo, le précieux appareil dont les clichés indiquent l'état du cerveau. Grace y est transportée sur un brancard, mais l'ascenseur est trop étroit pour y étendre une civière ! Il faudra s'en passer et soutenir la princesse dans la cabine !

La malheureuse passe enfin sous le scanner vers 21 heures, soit environ onze heures après l'accident ! Les clichés montrent alors des lésions inopérables, déjà envahies par le sang, dans le lobe frontal et le lobe pariétal. Une petite hémorragie est décelée dans la matière grise du lobe temporal droit.

Selon le professeur Chatelin, c'est cette petite hémorragie qui est responsable de l'accident de Grace. Elle aurait provoqué la perte du contrôle de la voiture, lui faisant éprouver des vertiges ou une brève perte de conscience. Les autres lésions crâniennes sont consécutives à l'accident lui-même.

Chef du service de neurologie de l'université de Paris, le professeur Lhermitte, neurologue mondialement connu, vient examiner Stéphanie le surlendemain du drame. Grace est déjà décédée, mais il se penche tout de même sur les clichés de son scanner. Ses constatations sont dignes d'intérêt : « Le petit "accident" dans le lobe temporal est d'un type qui se produit chez de nombreuses personnes sans qu'elles ne s'en rendent compte. Pendant quelques instants, on éprouve la sensation de la tête qui "tourne", ou bien on tombe de sa chaise si on est assis. Les autres hémorragies auraient pu disparaître avec le temps. Durant quelques semaines, elles auraient éventuellement causé des troubles de la mémoire et de l'humeur. Le coma dans lequel la princesse était entrée à l'hôpital provenait du coup reçu sur la tête (sa blessure au front) pendant l'accident. Cumulées, les blessures, fractures, meurtrissures aggravèrent son état. »

Conclusion : de quelque façon que l'on prenne les choses, Grace de Monaco est morte parce qu'elle n'a pas reçu les soins suffisants. Sans doute empêchés par l'absence de scanner à l'hôpital, les médecins ont mis près d'une demi-journée à faire ce qui aurait dû être fait au plus vite.

Le professeur Huguenard, alors patron du SAMU de Créteil, considéré comme l'un des meilleurs chirurgiens de France, n'avait pu être joint lorsque le prince Rainier voulut faire appel à lui. Un an plus tard, il tirait en quelque sorte la leçon philosophique de ce drame : parfois, les grands de ce monde ne sont pas forcément les mieux soignés. La fortune ne résout pas tout. Ce jour-là, il n'y avait pas de scanner facilement accessible à Monaco, et c'est sans doute ce qui a tué Grace…

Avec une sorte d'ironie amère, le professeur Huguenard laissait tomber une plainte en forme de verdict : « Si elle avait été vendeuse dans un magasin de Nice, ville toute proche où il y a un scanner, elle aurait sans doute été mieux soignée, grâce aux services d'urgence qui existent là-bas. »

ROMY SCHNEIDER

On ne meurt que deux fois

« Romy Schneider s'est suicidée ! »

Ce 30 mai 1982, les quotidiens français qui annoncent en une la disparition de l'actrice ne laissent pas de place au doute : elle a mis fin à ses jours, dans la nuit du 28 au 29 mai, en terminant ainsi avec une longue désespérance dont l'issue était à la fois crainte et attendue.

Selon la version officielle, à 7 h 45 du matin, son compagnon, Laurent Pétin, la découvrant dans le coma au moment où il se réveille, a alerté les pompiers. Arrivés immédiatement rue Barbet-de-Jouy, dans le VIIe arrondissement de Paris, où le couple réside pour quelque temps, ceux-ci vont tenter un massage cardiaque mais en vain.

Selon toute vraisemblance, Romy se serait donné la mort.

Pourtant, quand le substitut du procureur, Laurent Davenas, accompagné du médecin légiste, arrive sur les lieux, Laurent Pétin lui fait le récit de la soirée et il n'y a rien dans ses propos qui permette de soulever l'hypothèse du suicide.

On ne saura jamais si Romy s'est donné la mort ou non et d'ailleurs le savoir ne servirait aucune vérité puisque, pour une fois, qu'il y ait eu suicide ou accident, la cause est exactement la même...

En juillet 1981, moins d'un an plus tôt, David, son fils de quatorze ans, avait trouvé une mort atroce en s'empalant sur la grille de la villa des parents de Daniel Biasini, mari de Romy Schneider avec lequel elle était en instance de divorce.

De ce jour, Romy Schneider s'est engagée, inconsciemment, dans une lente agonie. Elle a essayé de continuer à vivre, elle a même tourné à nouveau un film, *La Passante du Sans-Souci*, elle a donné quelques interviews, tenté d'étouffer sa douleur, de sourire à Sarah, l'enfant qui lui restait, de faire des projets avec Laurent Pétin, le jeune homme qui essayait avec plein d'amour d'embellir sa vie, en vain.

À force de porter sa souffrance, Romy s'est usée en quelques mois. Ou plutôt, elle a usé les derniers restes de vie qui l'habitaient. Pour se donner le courage d'affronter le malheur devenu quotidien, elle est allée vers l'alcool, plus encore que par le passé. L'alcool, ami-ennemi qui ne vous fait rien oublier mais vous emmène ailleurs, parfois, le plus souvent en dehors de vous-même, ce qui dans le cas de Romy n'était déjà pas si mal.

Qui peut dire l'avoir un jour entendue parler de mort, évoquer le suicide ? Personne.

Mais toute sa vie était devenue un chemin vers la mort. Peut-être pas la mort voulue mais au moins la mort acceptée.

Et puis est arrivé le dernier jour. 29 mai 1982. Ce jour-là, elle était allée chez le coiffeur. Elle a téléphoné à sa mère, là-bas en Allemagne. Elle a essayé de ne pas se laisser envahir par David. Y penser d'accord – elle y pense tout le temps – mais il ne faut pas se laisser absorber tout entière. La journée, ça peut encore aller. Il y a la lumière, il y a Sarah, des choses à faire, des gens qui s'agitent autour d'elle. Il y en a même qui rient et parviennent à la faire rire.

La nuit, c'est autre chose. Quand les autres dorment, quand il n'y a plus de lumière, plus de bruit, quand la vie s'éteint et devient muette. Elle doit alors se préparer à affronter chaque nuit comme on aborde une épreuve. Il y a tous ces somnifères ou tranquillisants qu'elle absorbe, qu'elle mélange à des alcools forts ou d'infinis verres de vin. C'est dangereux ? Qu'est-ce qui peut être dangereux pour elle, maintenant ? Elle n'aura plus jamais peur quoi qu'il arrive.

Ce soir-là, elle dîne chez des amis, avec Laurent, c'est déjà un morceau de la nuit qu'elle pourra grignoter sans trop de mal. Ensuite, ils rentreront à l'appartement, elle retrouvera Sarah, sur laquelle veille fidèlement Bernadette, la nurse. Sa fille avait été malade pendant la semaine et Romy, pour rester auprès d'elle, a annulé une interview qu'elle devait donner à un magazine féminin, *F-Magazine.* En rentrant, elle devra écrire à la journaliste pour s'excuser et lui promettre un nouveau rendez-vous.

Ils sont revenus vers 1 heure du matin, et Romy est allée dans la chambre de sa fille. Tout va bien. L'enfant dort. Un baiser tendre comme elle lui en a déjà donné des centaines, et comme elle n'en donnera plus. C'est un baiser pour la nuit. Ce sera un baiser pour la vie.

Très vite, Laurent va se coucher. Il est fatigué. Romy ne va pas se changer, elle n'a pas l'intention de dormir tout de suite. En tout cas, elle n'a pas l'intention d'essayer, elle sait que c'est impossible.

Elle s'assoit dans le fauteuil Voltaire où elle aime s'installer pour écrire. Sur la table de la salle de séjour, un verre, une bouteille de bordeaux. Elle a apporté du papier à lettres et un crayon. Elle va écrire à cette journaliste, et puis tuer le temps, comme on dit. Sale image.

Les minutes s'écoulent. Elle va chercher dans la chambre un flacon de tranquillisants, puise dedans et revient dans le séjour. Elle écrit à nouveau ou fait semblant. Sur la cheminée, elle a mis une photo de David. De temps en temps, elle la regarde comme si elle voulait s'y plonger. Elle se sert de larges verres qu'elle vide régulièrement. La nuit ne l'a toujours pas emportée malgré l'alcool, les somnifères. Cette bataille est celle de toutes les nuits. A-t-elle vraiment envie de se laisser emporter pour quelques heures, puis resurgir ? N'attend-elle pas plutôt que la nuit l'emporte pour de bon ? Sans retour.

Quelques mots flottent dans la pièce. Ils sont d'un écrivain oublié et maudit. Ils sont de Jacques Rigaut. À cet instant, ils lui appartiennent : « Il n'y a pas de raison de vivre mais il n'y a pas de raison de mourir non plus. La seule façon qui nous soit laissée de témoigner notre dédain à la vie, c'est de l'accepter. La vie ne vaut pas qu'on se donne la peine de la quitter. »

À ces mots-là viennent se mêler d'autres, plus lointains. C'était comme un cri et un défi, sur le plateau de *La Passante du Sans-Souci* : « La vie, c'est de la merde ! »

C'était il y a quelques mois, ces mots-là lui appartenaient pour de bon et ils disaient la même chose.

Quand a-t-elle sombré ? Elle est maintenant écroulée près de la bouteille vide et de la photo de l'enfant enfui. Elle est assise, toujours vêtue de son corsage blanc et du pantalon blanc qu'elle avait choisis pour sortir. Combien de temps s'est écoulé ? Combien de fois s'est-elle retrouvée endormie ? La nuit continue d'avancer. Tout près, Sarah et Laurent sont enfouis dans un profond sommeil. Demain ce sera le dimanche de Pentecôte. Il fait lourd, le jour tente à peine de se faire une place dans la nuit. Là-haut, le ciel est plein de méchantes promesses.

Laurent Davenas, chef de la huitième section criminelle du parquet de Paris, reçoit un appel : le compagnon de Romy Schneider vient d'appeler les pompiers qui ont prévenu le commissariat de l'arrondissement. Il est encore sous le choc, déboussolé, ne sachant que dire ou faire, et répétant d'une voix entrecoupée de plaintes que l'actrice est morte. Immédiatement, Laurent Davenas, accompagné du médecin légiste, le docteur Deponge, rejoint la rue Barbet-de-Jouy.

« Nous sommes arrivés dans l'appartement, raconte Laurent Davenas, et c'est Laurent Pétin qui nous a ouvert. Tout de suite, j'ai vu qu'il était dans un état de choc. Il était terrorisé, comme frappé par une vision cauchemardesque. Il avait un regard et les gestes marqués par l'effroi. Bien sûr, Romy Schneider était morte, et ça pouvait expliquer bien des choses, mais pas ça. Quand il a commencé de me raconter, j'ai compris. Après s'être couché aux alentours de 1 h 30, laissant

Romy seule dans le séjour, il s'est très vite endormi. Au milieu de la nuit, il s'est réveillé, il ne se souvenait pas précisément vers quelle heure, il n'a pas senti la présence de Romy à ses côtés. Alors il s'est levé encore tout ensommeillé et s'est dirigé vers la pièce de séjour. Romy était là, endormie. Profondément. Sans même tenter de l'éveiller, il l'a soulevée du fauteuil et avec difficulté l'a entraînée sur le lit et l'a couchée. Il était 7 h 30 quand il a été alerté soudain par un ensemble de sensations. Il lui a fallu d'abord effleurer son visage pour comprendre de quoi Romy Schneider était morte.

« Quand nous sommes entrés dans la chambre, raconte Laurent Davenas, nous avons vu Romy Schneider allongée sur le lit. Elle semblait endormie. Très vite, le docteur Deponge a pu constater que son corps ne portait pas de traces de strangulation, d'hématomes ou d'aucune autre sorte de blessure qu'elle aurait pu s'infliger ou qu'on aurait pu lui infliger. L'examen a duré une heure. Il fallait écarter définitivement la possibilité d'un homicide. J'avais déterminé avec certitude qu'elle n'avait pas été agressée. J'avais pu constater aussi qu'elle vivait dans un tournis de barbituriques et d'alcool, ce que confirmeraient les analyses de sang et d'urine. Je savais qu'elle dormait peu et mal, avait subi avec la mort de son fils moins d'un an plus tôt un choc dont elle ne pouvait pas se remettre. Elle avait toutes les raisons de mourir parce que son cœur en avait trop supporté trop longtemps, il s'était usé sous les coups. Qu'est-ce qu'une autopsie pouvait bien avoir à faire dans cette histoire[1] ? »

---

1. Laurent Davenas, *Profession : répression*, éd. Acropole, 1988.

Près de trente ans plus tard, Laurent Davenas ne renie pas sa décision. Mais il sait qu'elle a pu servir ceux qui ne se sont jamais contentés de l'explication officielle. « Romy s'est suicidée », titrait *France-Soir* dans l'après-midi du 29 mai 1982. Et c'est vrai qu'on n'a jamais démontré le contraire.

Pourtant, à midi, le producteur Paul Lévy a annoncé : « Romy ne s'est pas suicidée, elle est morte de mort naturelle. » Quelques minutes plus tard, c'est Jean-Michel Darrois, avocat de l'actrice, qui apparaît sur le perron de l'immeuble et lit une brève déclaration : « Le médecin légiste, le docteur Deponge, a conclu à une mort naturelle par arrêt cardiaque. »

« Au nom du ciel, que peut-il y avoir de naturel dans le décès d'une jolie femme de quarante-trois ans ? », s'interrogera longtemps Magda Schneider, la mère de Romy.

Les sceptiques ne se contentent pas des raisons avancées : un abus d'alcool et de médicaments divers, un organisme épuisé, un cœur au bout du rouleau… C'étaient des raisons trop simples. Et il n'y a pas eu d'autopsie ! Ceux-là, on ne les convaincra jamais de rien. Ils n'entendent même pas la voix d'Alain Delon : « En réalité, sa mort est due à un cœur brisé, sa mort a commencé par la mort de son fils David. »

À vrai dire, qu'aurait démontré une autopsie ? Que Romy Schneider avait bu de l'alcool, beaucoup d'alcool, et absorbé des barbituriques quelque temps avant de mourir. C'est justement ce qu'elle faisait chaque jour, chaque soir depuis des mois.

À tous les titres criant au suicide, on préférera, parce qu'il est tellement plus approchant de la vérité, le commentaire du *Quotidien de Paris* paru le lendemain : « Romy Schneider est tout simplement morte d'une immense fatigue de la vie. »

Au bout de trop de drames, trop de déchirures, il ne restait plus rien, même pas une dernière fulgurance pour doper un cœur à bout de souffle.

On peut donc mourir d'épuisement à quarante-trois ans et mettre fin à ses jours sans pour autant se suicider.

Souvenons-nous du décor.

Sur sa table qui fut son dernier lit, il y avait une lettre, une bouteille vide et une photo de son fils : trois indices pour autant d'hypothèses qu'on voudra.

La lettre disait qu'un rendez-vous avait été reporté mais qu'on en prendrait un autre bientôt. La vie continuait…

La bouteille vide disait que la souffrance avait pris le dessus et que cette vie-là ne pourrait pas durer bien longtemps.

La photo, celle de l'enfant crucifié, disait qu'il y en avait assez, que la séparation avait trop duré, qu'il serait tellement bon de se retrouver ailleurs. Qu'il était temps, maintenant, de faire le chemin. Après tout, quoi de plus normal qu'une mère rejoigne son enfant…

Trois indices, trois contradictions : s'il n'y a qu'une belle chose dans la mort de Romy Schneider, c'est qu'elle gardera toujours son mystère.

Philippe de Dieuleveult

Les portes de l'enfer

1985. Chaque dimanche après-midi, « La Chasse au trésor » fait un malheur sur Antenne 2. Depuis quatre ans, Philippe de Dieuleveult en est l'intrépide globe-trotter. Celui que les candidats guident sur le terrain jusqu'à ce qu'il trouve le trésor. En hélico, à cheval, en 4×4… tout est bon au casse-cou aventurier pour passer par des pistes que l'homme n'a jusque-là jamais foulées. Pour ce jeune homme issu d'une famille de la noblesse bretonne, le risque est un métier qui lui colle à la peau. Il a trouvé son idéal en combinant sa passion des voyages et son amour de la caméra ! À trente-quatre ans, après avoir baroudé un peu partout autour du globe, il a trouvé sa voie. Et le bonheur, auprès d'une femme et d'enfants qu'il aime passionnément. Deux enfants, et bientôt trois, puisque Diane est enceinte.

Le 4 juillet 1985, les neuf membres de l'expédition Africa Raft (Radeau d'Afrique), dont Philippe fait partie, partent du lac Tanganyika (extrême est du Zaïre) pour tenter de passer de l'océan Indien à l'océan Atlantique en descendant le fleuve Zaïre, l'un des plus puissants et dangereux au monde. C'est un véritable défi que ces neuf amis férus de sensations fortes se sont lancé.

Avant même d'arriver au lieu-dit « Les Portes de l'enfer » (les rapides de l'Inga sur le fleuve Zaïre), cinq membres de l'équipe ont déjà renoncé. Les autres sont plus téméraires, ou plus inconscients. Toujours est-il qu'ils n'envisagent pas de battre en retraite, alors qu'ils ont déjà bravé quelque 2 500 kilomètres. Et pourtant… le passage qu'ils s'apprêtent à franchir ne s'appelle pas « Les Portes de l'enfer » sans raison. Tourbillons, gouffres, déferlantes, rochers et courants – sans oublier les crocodiles – promettent d'accompagner leurs deux radeaux pneumatiques sur de nombreux kilomètres. Qu'à cela ne tienne, il n'y a rien de mieux pour motiver Philippe de Dieuleveult, André Hérault (un ancien commandant d'Air Zaïre), Richard Jeannelle (un photographe de *Paris-Match*), Angelo Angelini (un mécanicien français), Nelson Bastos (un Portugais de Kinshasa), Guy Colette et Lucien Blockmans (deux Belges spécialistes de l'Afrique et de certains dialectes). Jean-Louis Amblard et François Laurenceau sont les derniers à renoncer à poursuivre le périple. Le matin du 6 août, ils disent au revoir à leurs camarades qui quittent l'île des Hippopotames où ils ont passé la nuit. Ils ignorent bien sûr que cet au revoir est en fait un adieu…

Les deux rafts quittent l'île à quelques secondes d'intervalle. En tête, le *Godlieve*. À son bord : André Hérault, Guy Colette, Nelson Bastos et Richard Jeannelle. Derrière, le *Françoise*, avec Philippe de Dieuleveult,

Angelo Angelini et Lucien Blockmans. Les équipages tentent de longer l'île pour éviter les courants extrêmement violents. Mais soudain, les deux embarcations sont aspirées par les rapides et disparaissent dans les vagues… C'est du moins ce que révèle le témoignage de Jean-Louis Amblard.

Première hypothèse, guère convaincante, la noyade. Tout du moins en ce qui concerne les occupants du *Françoise*. Car si le *Godlieve* a été retrouvé complètement disloqué, le *Françoise*, lui, a été récupéré intact, accosté le long d'une petite crique. Et c'est là que commence le mystère et s'entrecroisent de troublants témoignages… Particulièrement celui de Jean-Louis Amblard qui met le doute dans les esprits. Il a été le premier à se préoccuper du sort de ses compagnons.

« Sept heures après avoir vu disparaître les canots dans les déferlantes, François Laurenceau et moi-même sommes parvenus au barrage d'Inga vers 14 heures. Une voiture est arrivée, trois hommes en sont descendus. Parmi eux, un major de l'armée zaïroise. Nous nous sommes présentés et avons expliqué notre situation. Nous avons montré des documents officiels nous autorisant l'accès du secteur. Ses traits se sont crispés. Il était consterné. “J'espère que rien de fâcheux n'est arrivé, a-t-il lâché aussitôt. J'ai donné des ordres très stricts afin que personne ne passe.” On percevait une énorme inquiétude dans sa voix. Il a ajouté : “S'il s'est produit quelque chose, je n'y suis pour rien. Je n'étais pas averti, ce n'est pas de ma faute.” Nos gorges se sont serrées. Le major nous a ramenés en voiture vers les locaux administratifs situés dans la partie haute du barrage, où on a retrouvé le télex annonçant le passage des radeaux. Le responsable l'avait gardé sous le coude. Le télex oublié, neuf Blancs sur le fleuve et certains mouvements angolais qui menacent régulièrement de plastiquer les installations d'Inga… Nous étions donc neuf mercenaires venus faire sauter le barrage… Les rouages idiots de l'accident inacceptable paraissaient se mettre un à un en place. »

Tout cela ne serait donc qu'un vaste quiproquo ? C'est alors que les deux hommes demandent à se rendre sur place. L'armée faisant traîner, ce n'est que le surlendemain qu'ils parviendront à recueillir des témoignages. Deux surtout : deux ingénieurs du barrage déclarent avoir vu le mercredi trois personnes débarquant sur les rives du fleuve. « Ils ont désigné très exactement l'endroit, poursuit Jean-Louis Amblard. Ils ont dit que deux d'entre eux étaient allongés sur la crique, comme épuisés, et que le dernier s'affairait autour du bateau. Ils ont également ajouté que les hommes avaient déchargé des sacs de couleur jaune. Les ingénieurs ne pouvaient pas inventer ce détail véridique. Ils ont précisé que l'un des hommes portait un pull-over noir. Nous avons aussitôt pensé à Philippe de Dieuleveult qui, ce jour-là, portait son pull noir. La description était très détaillée. J'étais troublé. Encore plus lorsqu'un troisième employé a ajouté que des militaires avaient mis en joue trois navigateurs à peine débarqués. Le lendemain, nous n'avons pas retrouvé cet employé. Il avait disparu. Et les deux ingénieurs s'étaient rétractés : “À cette distance, disaient-ils maintenant, il est difficile de savoir si…” S'il y a eu bavure, reprend Jean-Louis, c'est une bavure de l'armée zaïroise. Les militaires d'Inga, croyant se trouver en présence de mercenaires, ont probablement tiré sur Philippe et ses compagnons. »

Ainsi se termine le témoignage de Jean-Louis Amblard. Il servira quelque temps à alimenter les rumeurs, les doutes, mais n'empêchera pas de conclure à la thèse de l'accident. Bien qu'optant pour celle-ci, fondée sur le témoignage de quelques employés du barrage qui ont vu les rafts dévaler les rapides et être happés par les courants, le journal *Le Soir* n'en émet pas moins des doutes, sur la base d'éléments troublants. Alors que l'une des deux embarcations est retrouvée déchiquetée, celle de Philippe de Dieuleveult est intacte, dans une crique de sable, près d'un rocher sous lequel sont rangés des objets et une partie de l'équipement de l'embarcation. L'absence de traces de choc sur le raft, l'antenne radio en parfait état et le piquet d'amarrage normalement planté dans l'eau peuvent difficilement étayer la thèse de l'accident…

Il faudra attendre 1994 et la publication d'un modeste ouvrage intitulé *Africa Raft : le récit d'un témoin oculaire*, écrit par le chef de la police de Boma (situé à 150 kilomètres d'Inga) de l'époque, pour relancer une enquête qui s'enlisait. En effet, Okito Bene-Bene affirme dans ce livre : « J'ai personnellement assisté à l'arrestation de Philippe de Dieuleveult et de ses compagnons, à leur interrogatoire, à leur exécution et à leur enterrement. » Il précise même le lieu où les corps ont été mis en terre, « au vieux cimetière désaffecté de Kinkanga ». L'une des croix porterait l'inscription « Nzila Nziku », signifiant voie sans issue. L'enquête est alors rouverte. Comme dans toute disparition, la première des choses est de tenter d'interroger toute personne susceptible d'avoir été témoin de l'accident. Justement, des ouvriers travaillaient ce jour-là sur le barrage d'Inga. Seulement voilà, les ingénieurs ne sont pas bavards. Ils sont d'ailleurs introuvables ou décédés à la réouverture de l'enquête (neuf ans plus tard), ou n'ont même pas été interrogés par les enquêteurs au moment du drame. En 1994, *Paris-Match* retrouvera néanmoins un ingénieur américain, Steve Allan, présent sur les lieux le mardi 6 août : « Nous travaillions ce matin-là au sommet du barrage d'Inga, quand soudain un ouvrier africain s'est écrié : "Mon Dieu, le bateau !" J'ai aperçu un radeau retourné passer en contrebas sur le fleuve. La force des eaux à cet endroit l'a projeté en l'air et lui a fait faire une culbute avant de retomber. J'ai saisi une paire de jumelles, et dans l'angle de vision qui me restait, j'ai aperçu quelque chose qui traînait dans le sillage du bateau. Il aurait pu s'agir d'un vêtement, mais c'était trop loin, je ne peux rien affirmer. » L'ingénieur américain est alors attiré par une autre vision tout aussi troublante : « En contrebas du barrage d'Inga, longeant la rive droite du fleuve, nous avons vu deux camions de l'armée zaïroise chargés de militaires prendre la même direction que le radeau. Ils semblaient visiblement agités. C'était un spectacle assez troublant parce que durant mes cinq semaines à Inga, malgré l'enjeu stratégique du barrage, c'est la seule fois où j'ai vu des militaires aux abords du complexe hydroélectrique. »

Curieusement, personne ne s'est intéressé au témoignage visuel des hommes qui travaillaient sur le barrage. Bien au contraire, le chef d'équipe a tout bonnement ordonné aux travailleurs de rentrer chez eux.

« Depuis le matin, précise encore Steve Allan, une rumeur circulait sur le chantier, selon laquelle des mercenaires cubains venus d'Angola avaient débarqué dans les environs et s'apprêtaient à attaquer le barrage. Ayant pu constater depuis plusieurs semaines la tranquillité du site, je n'ai pas prêté attention à cette rumeur. »

Autre témoignage troublant, celui de l'ingénieur zaïrois Tonassi. Peu après le drame, celui-ci a affirmé avoir vu trois Blancs débarquer sur la rive opposée au barrage, sur une petite plage. Sauf que, trois jours plus tard, l'ingénieur se rétractait. Quelques mois après le drame, lorsque Diane de Dieuleveult, la femme de Philippe, et Chantal Jeannelle, celle du photographe de *Paris-Match*, accompagnées de leur avocat, se sont rendues au Zaïre et ont demandé à le rencontrer, les responsables du barrage ont répondu que l'ingénieur Tonassi « était malade »... Et puis, il y a aussi ce témoignage du lieutenant-colonel Loïc de Chazal... neuf ans trop tard, puisque c'est en 1994 qu'il a livré des éléments susceptibles de renforcer l'hypothèse de l'assassinat. Il rappelle étrangement le témoignage de Jean-Louis Amblard au tout début de l'enquête. Pourquoi ne pas avoir parlé avant ? « Parce qu'en tant que militaire j'étais tenu au devoir de réserve », répond-il. Et puis sans doute aussi parce que le petit livre d'Okito Bene-Bene l'a encouragé à sortir de sa réserve. À quelques mois de la retraite, voici ce que ce médecin-chef de la 31e brigade parachutiste de Kinshasa raconte : « Ils ont disparu le mardi. Il avait été convenu que Philippe de Dieuleveult sauterait avec nous en parachute le mercredi, après avoir passé les chutes d'Inga. Toujours sans nouvelles le jeudi, nous avons décidé d'envoyer sur place une Alouette, avec à son bord l'adjudant-chef Berti. C'était une mission officieuse. Parvenu sur le site, Berti a repéré l'un des deux rafts. Non loin de là, il a aperçu quelque chose sur une petite plage. Il a demandé au pilote de se poser. Le Zaïrois a refusé. L'hélico volant suffisamment bas, Berti a sauté. Sur la plage, il y avait une mallette vidéo appartenant à Dieuleveult. Elle se trouvait suffisamment haut sur la plage pour qu'il soit formellement exclu qu'elle ait été déposée par le fleuve. Une fois rentré, Berti m'a fait part de ses doutes et nous avons décidé d'y retourner le dimanche. J'étais alors présent en compagnie du lieutenant-colonel Chapas et de l'adjudant-chef Ramos. C'est lors de notre arrivée sur le tarmac du petit aérodrome d'Inga que j'ai aperçu trois gars, des techniciens de la tour de contrôle. J'ai entamé la conversation et les Zaïrois m'ont aussitôt dit : “Oui, on nous avait prévenus que des Blancs devaient passer en bateau, mais on ne savait pas exactement quel jour.” Le mardi, dans la matinée, ils sont allés près du fleuve pour tenter d'apercevoir les rafts. “Ah bon ? ai-je demandé d'une voix neutre. Et qu'avez-vous vu ?

— On a vu le bateau sur la petite plage, avec des gens autour.”

J'ai insisté : “Mais où exactement ?”

Ils ont proposé de m'y emmener et nous avons rejoint le bout de la piste. Nous sommes descendus parmi les arbustes et avons débouché au bord du fleuve. “Voilà, ont-ils dit en désignant la plage sur laquelle Berti avait découvert la mallette de Philippe, c'est là qu'on les a vus : un Blanc qui portait un T-shirt noir débarquait des sacs jaunes, tandis que les deux autres étaient allongés sur la plage. Ceux-là avaient l'air très fatigués." »

Rappelons que le *Françoise* avait bien trois personnes à son bord, que les sacs de l'expédition étaient jaunes, et qu'il eût été bien difficile d'inventer le fait que le T-shirt de Philippe était noir… Le lieutenant-colonel Loïc de Chazal a alors voulu se faire déposer en hélico sur cette plage, mais il s'est heurté au refus des pilotes. Ceux-ci ont invoqué un danger qui, curieusement, n'était plus de mise une semaine plus tard lorsque le capitaine Moreau est venu relever Loïc de Chazal. Une semaine… Largement suffisant pour effacer des indices, voire des preuves. Bien sûr, les gars de la 31e brigade parachutiste de Kinshasa ont rédigé un rapport, auquel on leur a répondu : « Silence radio complet. » Et ils ont respecté la consigne.

S'il y a bien eu tuerie, et il est bien difficile d'en douter, la grande question demeure : pourquoi ? La réponse pourrait se trouver dans le livre d'Okito Bene-Bene : « Dans la nuit du 5 août, j'ai été informé par le major Boyenge, commandant de la compagnie mobile de la gendarmerie nationale, de la présence de mercenaires qui se préparaient à attaquer le barrage d'Inga. Lorsque nous arrivons sur les lieux prévus pour l'intervention, les "mercenaires" étrangers ont déjà été stoppés par un autre détachement : André Hérault et Richard Jeannelle sont morts dans le feu de l'action. Pour moi, il y a eu erreur : cette équipe possède des autorisations en bonne et due forme de Kinshasa, et ses membres sont bien des reporters. Mais il y a quand même eu décision de les tuer. Sur ordre d'en haut. Car l'entourage du président prétendait que Dieuleveult et Colette étaient payés par Kadhafi, le leader de la Libye, pour assassiner Mobutu et faire tomber son régime. Ils semblaient détenir des informations et des preuves que j'ignorais. Preuves ou soupçons, toujours est-il que les "mercenaires" de l'Africa Raft sont capturés. Le 7 août, le Belge Lucien Blockmans meurt dans sa cellule. Le lendemain, les quatre survivants, dont fait partie Philippe, sont emmenés dans un état pitoyable jusqu'à un vieux cimetière. Ils ont été battus durant leur interrogatoire. Là, couchés sur le ventre, ils sont achevés de quelques rafales. »

Tugdual de Dieuleveult, le deuxième des trois enfants de Philippe, confirme la version de Jean-Louis Amblard à la suite de l'enquête qu'il mène en 2006 avec Jérôme Pin et qu'il présente sous la forme d'un reportage. Ses recherches lui permettent de conclure que les occupants du *Godlieve* sont morts par noyade, emportés par les rapides de l'Inga, et que ceux du *Françoise*, parmi lesquels son père, ont été victimes d'une bavure de l'armée zaïroise, qui a cru avoir affaire à des mercenaires ayant l'intention de saboter le barrage. La version est également soutenue par l'amiral Lacoste, chef de la DGSE à l'époque des faits, ainsi que par Gérard d'Aboville, qui témoignent en ce sens pour le reportage de Tugdual. D'autres ajoutent que les autorités zaïroises et françaises auraient couvert la bavure, arguant pour cela de l'appartenance supposée de Philippe de Dieuleveult à la DGSE.

En effet, en 1994, Jean de Dieuleveult, un des six frères de Philippe, soutient que Philippe lui avait confié qu'il était un agent secret : « Philippe m'avait dit qu'il travaillait pour la DGSE (Direction générale de la sûreté extérieure). Il était officier de réserve et avait fait son service militaire comme sous-lieutenant au 1er RCP, régiment de chasseurs parachutistes. C'était un excellent officier, bien noté. Lorsque les services secrets l'ont contacté pour qu'il collabore occasionnellement avec eux, il a tout de suite donné son accord. Pour lui, qui était très patriote, continue Jean, c'était une façon de continuer à servir son pays. Bien entendu, il n'en a soufflé mot à personne. »

Le témoignage d'un ancien des services secrets belges (qui se fait appeler Jan Steperov) confirme les dires de Jean :

« Philippe accomplissait une mission pour les services secrets français, l'expédition Africa Raft n'était qu'un prétexte. Mais le colonel Powis de Tenbussche, le bras droit de Mobutu, a eu vent de cette opération. C'est lui qui, avec l'aval de Mobutu, a manipulé les gendarmes zaïrois chargés de la sécurité d'Inga. Il les a alertés sur le prochain passage des Français, mais en présentant ces derniers comme des Libyens chargés de faire sauter le barrage. Les gendarmes étaient de bonne foi lorsqu'ils ont arrêté l'expédition Africa Raft. Sauf qu'ils ont abattu deux des participants lors des tirs de sommation. Informé de la bavure, Powis a alerté Mobutu qui a alors donné l'ordre aux services secrets zaïrois d'éliminer tout le monde. Cela a pris trois jours… »

Une nouvelle investigation – publiée en octobre 2008 par le journal *XXI* et menée par la journaliste Anna Micquel – tend à confirmer l'hypothèse de l'assassinat de Philippe de Dieuleveult, s'appuyant notamment sur de nouveaux éléments découverts sur place. Le plus important d'entre eux est le procès-verbal de l'interrogatoire qu'aurait subi Philippe de Dieuleveult par un officier de la DSP (Division spéciale présidentielle), garde personnelle du dictateur Mobutu. La date portée sur ce procès-verbal est le 8 août, soit deux jours après la disparition des embarcations. La signature de Philippe de Dieuleveult au bas de ce document a été identifiée par son frère, qui saisira alors le procureur de la République afin de rouvrir le dossier et porter plainte contre X pour complicité d'assassinat, précisant que l'État français a, selon lui, été victime de manipulation dans cette affaire.

Jean de Dieuleveult raconte par ailleurs qu'il s'était rendu sur place au moment des faits et que le vice-consul de France à Kinshasa lui avait remis un corps méconnaissable, mais néanmoins présenté comme étant celui de son frère. L'autopsie alors pratiquée a révélé que le corps était celui d'une personne noire…

La journaliste Anna Micquel a également retrouvé un télex de l'agence de renseignement militaire signalant le renvoi de Dieuleveult « et toute sa bande » de Matadi à Kinshasa. Sous couvert d'anonymat, un ancien membre de la garde rapprochée de Mobutu raconte que les membres de l'équipage sont arrivés dans un mauvais état « car ils avaient déjà été interrogés… ». « Nous avions ordre de les faire parler, poursuit-il. Le nom qui faisait peur, c'était Dieuleveult, le chef de bande d'après les consignes. Il était têtu. Il voulait tout le temps que l'on soigne un de ses compagnons, très blessé. À la fin, Dieuleveult ne disait plus rien. Personne n'a avoué. Ensuite, l'unité qui s'occupait des exécutions a pris le relais. »

Ces accusations ont bien sûr été formellement démenties à Kinshasa. Curieusement, la France s'est toujours montrée d'une extrême prudence sur le mystère de ces compatriotes disparus. On ne peut d'ailleurs que constater l'inefficacité de la brigade criminelle de Paris qui, saisie de l'affaire, ne s'est jamais rendue sur place afin de mener les investigations. Durant toutes ces années, fataliste en apparence, le président Mobutu s'en est tenu à une seule version : « Dieu n'a pas voulu que les radeaux franchissent les rapides… Voilà… C'est tout. » Pour Mobutu, les mystères ne sont pas faits pour être percés, et les morts n'appartiennent qu'à Dieu…

Coluche

Putain de camion

En ce mois de juin 1986, Coluche a réappris à vivre. Les cinq dernières années ont été particulièrement éprouvantes. La longue descente aux enfers a commencé en 1980, quand, un an avant l'élection présidentielle, il annonce sa candidature. D'abord perçue comme un gag, y compris par lui-même (« La France était coupée en deux ; avec moi, elle sera pliée en quatre »), sa candidature prend de l'ampleur au fil des mois. Les sondages officieux aidant – il recueille à un moment donné plus de 15 % d'intentions de vote –, on se met à la prendre au sérieux. Coluche commence lui aussi à se prendre au sérieux, ce qui est moins drôle. Les politiques, inquiets, font pression sur lui, notamment ses amis de gauche qui craignent de perdre des voix cruciales s'il devient réellement candidat. Ses spectacles, toujours drôles, deviennent de plus en plus axés sur la politique et la critique virulente de ses représentants. Au théâtre du Gymnase, sa revue de presse, chaque soir réactualisée sur scène en fonction de l'actualité, fait fureur.

En dehors, les ennuis s'accumulent. Un de ses collaborateurs est retrouvé assassiné et des menaces de plus en plus précises lui sont adressées. La presse ne l'épargne pas. Le clown candidat à la présidence, c'était très drôle tant que ça restait une farce. Le clown qui y croit et ne rit plus, ça ne fait plus rire personne. Même lui rit de moins en moins. Il devient irritable, agressif envers tout le monde, surtout avec ses proches. Il a l'air de comprendre qu'il est allé trop loin, sans savoir comment arrêter la machine. Véronique, sa femme, n'en peut plus et finira par le quitter. Il se drogue, ce qui n'arrange rien. À bout de nerfs, usé par la fatigue, la peur, la violence des autres et la sienne, rongé par la dope, il renonce à être candidat, d'autant que ses scores dans les sondages se sont effondrés.

La traversée du désert sera d'autant plus longue que le comique le plus populaire de France ne fait plus rire grand monde. Quand on parle de lui, c'est surtout à propos d'incidents violents. Sa rédemption viendra de la radio, grâce à Europe 1, de la télévision aussi, grâce à Canal+, et surtout de ce cinéma qu'il déteste mais qui va le couronner ! Et puis, il y a les Restos du Cœur qui vont le réconcilier définitivement avec la France, pas seulement celle des pauvres et de ceux qui souffrent.

À travers ses épreuves, un nouveau Coluche est né, plus humain. Il a payé cher ses erreurs et en est sorti, si ce n'est grandi, du moins transfiguré.

Aujourd'hui, tout semble corrigé à défaut d'être effacé. Bientôt, il va faire sa grande rentrée sur la scène du Zénith, à Paris, et ses émissions sur Canal+ marchent à merveille. Il serait presque heureux… s'il en était capable.

En mai, il a rejoint Cannes quelques jours avant le festival. Cette année-là, *Tenue de soirée*, le film de Bertrand Blier, fait l'événement : tout le monde veut le voir.

À la veille de l'ouverture, il va créer « son » événement en effectuant un étrange strip-tease. Il a quitté son hôtel, le Martinez, vêtu d'un simple short. Rue d'Antibes, il s'arrête chez les commerçants et achète une robe chez l'un, des escarpins chez l'autre, une perruque, puis des bijoux, de la lingerie… Il s'accoutre avec ses achats et finit par se faire maquiller dans une parfumerie ! Puis il continue sa balade dans les rues de Cannes, interprétant *Tenue de soirée* en avant-première face à des centaines de passants qui n'en reviennent pas.

Le lendemain, il remet ça. Boudiné dans une minijupe, il vient saluer ses potes du métier. Et leur dire au revoir par la même occasion, puisqu'il quitte le Martinez, le festival, Cannes et les farces dont il a retrouvé le goût.

Il part dans l'arrière-pays, à Châteauneuf-Grasse, où il loue une propriété suffisamment vaste pour accueillir tous ses amis. Là, au rythme du soleil, entre deux parties de baby-foot, deux plongées dans la piscine, quelques escapades à moto du côté d'Opio, Mougins et Grasse, il travaille. Son inspiration revigorée donne le meilleur. Sur un petit magnétophone, il enregistre une foule d'idées qui jaillissent, des petites phrases qui bientôt feront rire des centaines de milliers d'admirateurs.

Il prépare son Zénith, son retour, son triomphe. Et quand il en parle, il laisse entendre que ça va être du lourd. Déjà, il a prévu de roder son spectacle au Café de la Gare, chez Romain Bouteille. Il faudra organiser ça en juillet car septembre arrive vite. Rien que des promesses. Les menaces se sont éloignées.

Sa dernière compagne en date, la petite Fred, est restée à Paris pour préparer l'enregistrement d'un 45 tours dont elle a écrit les paroles, *Pourquoi les filles aiment les voyous.*

Après un bref séjour dans la capitale pour un concert organisé par SOS Racisme, il retrouve dès le lundi 16 juin, à Châteauneuf-Grasse, ses potes Ludo, Didier et Aldo, ainsi que la comédienne Mathilda May et son compagnon, venus passer quelques jours avec eux.

En tout début d'après-midi, ce jeudi 19 juin, Coluche, Ludo et Didier décident de s'offrir une balade à moto jusqu'à Cannes. Ils prévoient de ne pas rentrer trop tard. La France vit à l'heure de la Coupe du monde de football qui se déroule au Mexique, et un match important se joue en fin d'après-midi.

Au moment du retour, les trois amis s'engagent sur la départementale n° 3. Ils empruntent ensuite les petites routes de l'arrière-pays. L'air tiède et parfumé se laisse déchirer comme une soie. Le soleil, voilé par quelques nuages floconneux, dispense une lumière douce.

« Seul l'instant est béni, le reste n'est que souvenirs », a dit un jour Jim Morrison. Pour Coluche, cet instant est béni et il n'aura pas le temps d'en faire un souvenir. Sur sa grosse moto, une Honda 1100 armée de 140 CV, il rayonne. Il roule doucement, derrière ses copains, à 60 km/h au maximum. Il savoure son bonheur sans désir de vitesse. D'ailleurs, il n'est pas équipé pour une course folle. Il porte un short et un T-shirt roses, un petit casque accroché au guidon.

À l'approche d'Opio, il accélère légèrement, dépasse Ludo et Didier. Un peu plus loin, il double deux automobilistes paresseux sur la route étroite bordée de pépinières. Au sortir d'une courbe, un 38 tonnes lui barre la route. Soixante mètres séparent la moto et l'énorme engin qui manœuvre pour s'engager sur un petit chemin de terre menant au chantier où il doit déposer une charge de pierres. Déjà, le tracteur du semi-remorque est engagé, mais il n'aura jamais le temps de libérer la route.

Coluche a compris qu'il est inutile de freiner et qu'il doit coucher sa moto, l'affaisser au maximum sur la gauche pour placer son engin entre le camion et lui, prendre le choc par-dessous, glisser sur le bitume et, si possible, lâcher prise avant qu'il ne soit trop tard.

Peut-être même, avec un peu de chance, ainsi couché à ras du sol, pourra-t-il passer sous le camion. Mais au bout d'une fantastique glissade, sa tête heurte violemment le phare avant droit du poids lourd. Si violemment que la femme de l'horticulteur voisin, qui tapait pourtant à la machine dans son bureau distant d'une centaine de mètres du choc, est effrayée par le bruit que celui-ci a provoqué.

Déjà, Didier et Ludo sont là. Le premier prend Coluche dans ses bras. Seul un peu de sang coule de son crâne… Ça ne peut pas être grave, même si sa tête forme un angle bizarre avec son corps…

Fou de douleur, Ludo voudrait étrangler le chauffeur de camion prostré dans sa cabine, déjà brisé comme s'il connaissait la suite… Il faut prévenir les pompiers, le SAMU, les secours, le monde entier. « C'est Coluche ! », hurle Ludo qui trouve un téléphone chez le pépiniériste. « C'est Coluche ! », hurle-t-il aux pompiers auxquels il réclame un hélicoptère. Il revient vers l'image du malheur. Coluche est figé là dans les bras de Didier qui lui parle tout doucement.

Quelques minutes plus tard, c'est le médecin qui parle tout doucement à Didier, tentant de le désagripper du corps de Coluche. « Il est mort », murmure le médecin à l'ami qui refuse de l'entendre. Coluche a été tué sur le coup. Il devait être 16 h 40.

À 17 h 15, Europe 1 sait et pleure, mais se tait encore. Paul Lederman a demandé un délai d'une demi-heure pour prévenir Monette, la mère, et Danièle, la sœur de Coluche. À partir de 17 h 45, la radio bouleverse ses programmes. On repasse du Coluche, on ouvre le micro à ses amis. Miou-Miou s'effondre en larmes, Maryse craque, Carlos pleure. Romain Bouteille, que les journalistes sont allés dénicher au Café de la Gare, revient sur la malédiction de la gloire. Une vieille litanie.

Véronique, son ex-femme, vient de récupérer Marius, dix ans, et Romain, quatorze ans, de retour de l'école.

Paul Lederman, Claude Martinez et quelques autres descendent le soir même à Nice. Monette les accompagne. Elle veut aller retrouver son Mimi.

Le vendredi, le corps de Michel Colucci est rapatrié à Paris.

Ce n'est que quelques jours après l'enterrement que naissent, presque chuchotées, les premières rumeurs. C'est tout de même étrange, cet accident… Et si stupide !

On pense aux dernières années de la vie de Coluche, à toutes ses provocations, aux ennemis qu'il s'est faits.

On pense à la drogue, dans laquelle il est tombé quelques années plus tôt, et dont il assurait être sorti. Avait-il gardé un fond de désespoir ? Était-il dans son état normal au moment de l'accident ?

Pour un type désespéré, il affichait une mine radieuse, il faut l'admettre. Et tous ses proches s'accordent à reconnaître qu'il était à la fois bien dans sa peau, à nouveau clean et chargé de promesses.

Alors, un suicide… Une mort provoquée par lui-même, en un instant d'abandon… L'idée parut vite saugrenue, même à ceux qui gardaient le souvenir de sa démonstration de désespoir à la soirée des César qui lui valut pourtant d'être couronné meilleur acteur pour *Tchao Pantin*, le film de Claude Berri. Après un discours cruel pour le monde du cinéma, il était revenu en jean et blouson, lunettes noires sur le nez, affublé d'un gros nez rouge de clown, pour chanter a cappella :

Je ne veux pas voir la lumière
Je veux chevaucher une dernière fois
Mon cheval d'acier vers la mort
Je veux monter là-haut, tout là-haut
Sur la colline de mon malheur
Et me jeter dans le précipice
De mon destin.

Oui, mais c'était il y a longtemps.

Il y eut aussi cet épisode dans l'émission « Droit de réponse », de Michel Polac, au cours de laquelle il avait été tant attaqué qu'il finit par se « suicider » à l'aide d'un revolver chargé de ketchup, avant de quitter le plateau.

Là aussi, c'était il y a longtemps.

Il faut dire que le thème de l'émission était : « Faut-il se débarrasser de Coluche ? »

Se débarrasser de Coluche… Quelques mois après sa mort, on se souviendra de cette phrase. Une fois évacuées l'idée de la mort volontaire et celle de l'accident, refusée par beaucoup, on commence à chercher ailleurs des explications.

Et si, vraiment, on avait voulu se débarrasser de Coluche… À l'appui de cette thèse discutable, il existe des éléments plausibles.

Tous ceux qui ont fréquenté ou interrogé Coluche à cette époque sont unanimes : il s'apprêtait, selon ses propres termes, à « hurler sa pourriture au monde ». Pour la rentrée, il préparait un nouveau spectacle au vitriol, plus violent que jamais, à l'égard de la classe politique en général et de certains en particulier. On savait qu'il allait s'attaquer violemment aux socialistes et à la gauche caviar, à laquelle il reprochait de ne rien faire contre le chômage et la misère.

Il connaissait les moindres secrets du Tout-Paris (politique, show-biz…) grâce à son secrétaire personnel, Jean-Michel Vaguelsy. « Je vais les secouer, je vais les allumer tous ! », répétait-il souvent. Jusque-là, on a bien rigolé, mais ils n'ont encore rien vu. Cette fois, ils ne vont plus rire du tout !

« Coluche avait envie d'en découdre avec les socialistes », racontera plus tard son producteur Paul Lederman. C'est à la même époque que le comique renaissant lance son fameux slogan à l'attention des politiques : « Un pour tous, tous pourris. »

Mitterrand et le PS étaient probablement effarés à l'idée que l'homme de gauche le plus populaire de France passe les deux années précédant la présidentielle de 1988 à les attaquer impitoyablement. Et il allait parler de Mazarine ! Or, à l'époque, Mitterrand faisait tout pour empêcher que l'on parle de sa fille, née hors mariage. Le Tout-Paris en connaissait l'existence, mais la taisait depuis sa naissance en 1974. À deux ans de l'élection présidentielle, le président ne pouvait envisager que l'on découvre son secret. Des centaines d'écoutes illégales, révélées depuis, démontrent sa volonté de garder le secret… secret. On se souvient du harcèlement physique et moral quotidien que dut endurer l'écrivain Jean-Edern Hallier, le premier à avoir révélé l'existence de Mazarine dans son journal, *L'Idiot international.* D'ailleurs, la mort étrange de Jean-Edern Hallier, en 1997, après être tombé de vélo, presque sur place, sera considérée par certains comme un assassinat. Il est vrai qu'Hallier, provocateur obsessionnel, avait beaucoup d'ennemis. Et son acharnement à démolir François Mitterrand était bien réel. Par ailleurs, il semble que quasiment tout ce que Coluche avait écrit et enregistré pour son prochain spectacle ait disparu.

Fred, sa dernière compagne, confie : « Je n'ai jamais su trop quoi penser de cet accident. Ce qui est certain, c'est qu'il était en pleine préparation d'un spectacle explosif. Les bandes enregistrées ont disparu comme par miracle, après l'accident. J'aurais aimé savoir ce que contenaient ces bandes. »

Il est vrai aussi que Coluche voulait aller beaucoup plus loin que les Restos du Cœur et s'attaquer au chômage, à la répartition inégalitaire du travail et des richesses en France. Il avait la ferme intention de « foutre en l'air » tout le théâtre politique de l'époque.

Pour nombre de ses proches, c'est dans un combat féroce avec le pouvoir que le nouveau Coluche s'était engagé. C'était lui ou eux. Les menaces de mort des services secrets français lors de sa candidature à l'Élysée en 1981 sont devenues réalité cinq ans plus tard, après qu'il eut mis le Parlement à genoux en faisant voter une loi pour obtenir une réduction d'impôts pour les dons aux Restos du Cœur et à d'autres associations.

Didier Lavergne : « Il y avait une balle encadrée dans son bureau accompagnée de ces mots : “La prochaine sera pour toi.” Pour certains, c'était clair, on l'avait prévenu que, s'il créait trop d'ennuis, on allait le descendre. Et depuis son retour sur scène en 1985, il recevait à nouveau régulièrement des menaces de mort, des balles, des lettres… »

D'autres rappellent qu'il faisait pression sur l'Union européenne et ses stocks faramineux, ainsi que sur de grands groupes agroalimentaires, toujours dans le même but : obtenir plus de nourriture pour les Restos du Cœur. Il réussissait là où les politiques ne faisaient rien ou si peu, et en plus il allait s'attaquer au chômage, faire honte à la classe politique en mettant en œuvre des actions concrètes. Sans compter que par ses mots, à travers ses sketches et son nouveau spectacle, il pouvait discréditer un peu plus les hommes politiques au pouvoir.

Dans ce cas, ne craignait-il pas des représailles ? Pourquoi n'a-t-il jamais demandé à être protégé ? Ni même à faire protéger les siens, notamment ses enfants ? Ses proches offrent une réponse étonnante : « Coluche pensait qu'ils étaient trop cons pour pouvoir le tuer. »

A-t-il prononcé cette phrase ? Toujours est-il qu'elle colle parfaitement au personnage, dans son refus des contraintes et son obsession de la liberté. Elle colle un peu moins à l'image d'un Coluche nouveau, plus réfléchi, plus responsable et soucieux de la protection de sa famille. Coluche n'avait rien d'un ingénu capable de traiter des menaces réelles par-dessus la jambe. Il reste à savoir comment, et dans quelles conditions, l'acte aurait pu être perpétré. Autrement dit : l'accident était-il bien un accident ?

Dans les heures qui ont suivi le drame, le choc était trop intense, le traumatisme trop fort pour laisser la moindre place à une quelconque théorie du complot. Puis les semaines ont passé. Le chauffeur impliqué dans l'accident est devenu injoignable. Se cachait-il ? Pourquoi ? Il est vrai que la presse le harcelait et que, surtout, des dizaines de fans le rendaient responsable de la mort de leur idole. À son tour, il recevait des menaces de mort.

Reste le témoignage des deux copains de Coluche présents au moment du drame : « Nous étions partis de Cannes et remontions vers la maison de Coluche, près d'Opio. Coluche roulait le casque au coude. Il nous a dépassés et s'est retourné pour nous faire coucou. Pendant ce temps-là, un camion était sur le point de tourner sur la route. Coluche a juste eu le temps de coucher sa moto, mais sa tête a percuté le camion. Le conducteur a appris quelques minutes après qu'il s'agissait de Coluche et s'est effondré. »

Plus de vingt ans après, la théorie de l'assassinat a toujours la vie dure. Elle s'est même étayée début 2006, dans un livre exclusivement consacré au possible assassinat[1].

Antoine Casubolo y développait avec force arguments les incohérences du prétendu accident, ainsi que l'étrange comportement de certains acteurs du drame.

Selon l'auteur, le 38 tonnes qui a tué Coluche venait de la gendarmerie, pour laquelle il effectuait un transport de gravats. Un élément étonnant, puisqu'il n'avait jamais été établi que le camion venait de la gendarmerie. D'autre part, toujours selon l'enquête de l'auteur, le camion a tourné à gauche, coupant la route à Coluche. L'accident ne se serait donc pas produit comme il a été décrit…

Le chauffeur avait déclaré qu'il allait décharger les gravats dans une zone industrielle ; or, l'auteur précise qu'à cet endroit se trouve un pré. Et pour accéder à ce pré, il faut passer sur un pont limité aux poids lourds pesant moins de 8 tonnes !

La théorie de l'assassinat est donc bien en place et, pour la crédibiliser, on évoque la rapidité avec laquelle les gendarmes ont installé les barrages destinés à bloquer et interdire la zone aux passants et aux journalistes. En un quart d'heure, tout était bouclé !

Enfin, les divers enquêteurs s'étonneront, bien des années plus tard, qu'une dépêche de l'Agence France-Presse ait annoncé l'accident mortel de Coluche… une heure avant qu'il ait vraiment eu lieu ! La théorie du complot est celle-ci : la mort de Coluche était

1. *Coluche : l'accident. Contre-enquête*, éd. Privé.

programmée pour 16 h 30, mais un raté a fait que l'AFP l'a annoncée une heure trop tôt.

La première réflexion, en admettant que quelqu'un ait eu de très sérieuses raisons de vouloir supprimer Coluche, c'est qu'il lui aurait fallu s'entourer de multiples complices. Tout d'abord le chauffeur du camion, bien sûr. Mais aussi les copains de Coluche, qui l'auraient dirigé, à l'heure voulue, vers le lieu du drame ; les gendarmes qui, de leur côté, auraient expédié le camion meurtrier vers ce même lieu tout en prévoyant de boucler la zone de l'« accident » avant même que celui-ci ait eu lieu ; les journalistes de l'AFP, qui auraient préparé leurs dépêches bien à l'avance. Ainsi que des dizaines de fonctionnaires d'État : policiers, agents des Renseignements généraux, attachés de ministère, collaborateurs du préfet et employés des cellules élyséennes ! Soit une armada de complices unis par le même secret qui, par miracle, serait resté parfaitement gardé depuis lors. Et tout cela pour accéder à la volonté criminelle d'un seul homme : le président de la République !

Difficile à croire. En examinant les charges en faveur du complot, il en ressort que peu résistent à une étude minutieuse. Sur un document vidéo, à la place du prétendu simple pré, on trouve une zone de déchetterie industrielle dans laquelle on aperçoit plusieurs camions. Un document de France Télévisions montre bien le pont incriminé, et il apparaît qu'il n'est nullement limité aux camions de moins de 8 tonnes. D'ailleurs, pour les besoins de l'enquête, on a fait passer le camion qui a causé l'accident sur ce pont, sans problème particulier.

En ce qui concerne le chauffeur du camion, il a certes disparu depuis plusieurs années, ce qui ne signifie pas pour autant qu'il s'est enfui comme un coupable. Il aurait fui la pression médiatique et les menaces de mort adressées par les fans de Coluche. La justice connaît son identité et il a d'ailleurs été jugé pour sa manœuvre imprudente aux conséquences désastreuses. Il a été légèrement condamné au vu de son remords et du traumatisme subi. Par conséquent, il est faux de prétendre que cet homme n'a jamais donné la moindre explication concernant ce jour tragique et qu'il a disparu comme un vulgaire homme de main, une fois son forfait perpétré.

Plusieurs mois après l'accident, le magazine *Entrevue* (qui s'intitulait encore *Interview* à l'époque) l'a retrouvé, photographié et interrogé succinctement. L'homme dit alors que sa vie est devenue un véritable cauchemar et qu'il a dû déménager très loin avec sa famille, là où nul ne le connaît. Il précise qu'il a perdu son travail et a dû changer de métier pour échapper à la haine de tous ceux qui ne lui pardonnaient pas la mort de Coluche. Il parle de sa terreur au moment de l'accident, lorsqu'il a vu le motard s'écraser contre son camion, de son accablement quand il a découvert que le motard en question était Coluche. Et aussi de ses nuits d'insomnie hantées par les coups de téléphone anonymes. Sans parler des lettres de menaces. Il a connu la dépression nerveuse et a même songé à mettre fin à ses jours. À la lecture de ce court témoignage, il est difficile d'imaginer que ce brave homme broyé par un cauchemar trop grand pour lui ait pu être un tueur payé pour commettre un meurtre de sang-froid.

Il a été établi que, si le chauffeur du camion avait effectué une manœuvre dangereuse, Coluche avait lui-même commis une faute : il arrivait trop vite et, surtout, ne regardait pas devant lui à la sortie du large virage, avant tout préoccupé à ce moment précis de jeter un coup d'œil à ses deux copains restés derrière lui. S'il n'avait pas poussé les gaz quelques secondes plus tôt, et s'il avait fixé la route devant lui, il aurait vraisemblablement eu le temps de freiner.

En ce qui concerne la fameuse dépêche AFP prétendument expédiée une heure avant l'accident, l'explication se trouve dans le fonctionnement coutumier des agences de presse quand il s'agit de dater leurs dépêches. Elles utilisent toutes le Temps universel (TU), l'ancien GMT de Greenwich, qui a deux heures de retard sur l'heure d'été en France. Du coup, la dépêche annonçant la mort de Coluche est consignée à 15 h 46, alors que Coluche est effectivement mort à 16 h 35. En France, il est alors 17 h 46, heure d'été. Il n'y a donc rien d'anormal à ce que l'AFP ait annoncé la mort de Coluche une heure et onze minutes après son décès !

Pour ceux qui douteraient encore, donnons deux exemples : le 9 juillet 2006, l'AFP annonce à 20 h 44 (TU) que l'Italie est devenue championne du monde de football en battant la France en finale. Or, à ce moment-là, heure française, la première mi-temps du match n'est pas encore achevée ! Est-ce à dire que le match était truqué ?

Autre exemple, plus tragique : le 1er mai 1994, à 12 h 26, l'AFP publie le communiqué suivant : « URGENT Formule 1 – Grand Prix de Saint-Marin : Senna accidenté, course arrêtée. » Une heure et demie avant le départ, donné à 14 heures, l'AFP annonçait donc l'accident mortel d'Ayrton Senna ! Tout cela peut en effet sembler bien mystérieux si l'on oublie que l'AFP utilise le Temps universel. La dépêche en question est bien partie à 14 h 26, heure d'été (12 h 26 en Temps universel), soit vingt-six minutes après le départ de la course.

Des multiples soupçons et ambiguïtés ayant entouré la mort de Coluche, il reste une vérité : Coluche dérangeait beaucoup de personnes, et à plusieurs niveaux. Ce qu'il annonçait pour les mois à venir risquait de gêner quelques puissants, et sans doute le plus puissant d'entre eux. Il avait atteint une telle stature, notamment grâce aux Restos du Cœur, qu'il ne craignait personne et voulait toujours aller plus loin. Comme il était vindicatif dans ses combats et jamais consensuel, il aimait se faire des ennemis des puissants qu'il avait appris à mépriser. Et il le faisait d'autant plus librement qu'il se sentait inattaquable du fait de sa popularité.

Hélas, elle ne suffit pas à vous mettre à l'abri du plus banal des accidents de la route. Une manœuvre dangereuse, un instant d'inattention, un mauvais freinage, et la mort a frappé celui qui, à force de se sentir invincible, avait fini par se croire immortel.

Il reste une autre vérité : la disparition de Coluche a sans nul doute « soulagé » un certain nombre de personnes qu'il fustigeait depuis des années.

Stefano Casiraghi

La mer pour tombeau

Un bateau qui s'envole puis retombe sur la mer avant de craquer comme une noix, un homme qui meurt, une princesse en noir, trois enfants qui pleurent et le monde qui s'interroge : accident ou meurtre ?

Stefano Casiraghi voulait arrêter, ignorant toutefois que cette course serait celle de trop.

Le championnat de offshore, c'est comme la Formule 1 : les meilleurs pilotes du monde s'affrontent plusieurs fois dans l'année, sous des cieux différents, marquent des points à chaque épreuve et, en fin de saison, le champion est celui qui en totalise le plus.

Ce 3 octobre 1990, le championnat fait halte à Monaco. Casiraghi et son coéquipier, Patrice Innocenti, sont donc les régionaux de l'étape. Le départ est donné de Cap-Martin, à l'est de la Principauté.

« Nous devions aller vers le cap Ferrat, à l'ouest de Monaco, se souvient Innocenti. Puis nous diriger vers le large, tourner autour d'une bouée avant de retourner vers le Cap-Martin. Ce jour-là, la mer n'était pas hostile à notre offshore qui s'adaptait mal aux longues vagues : il n'y en avait pas. Au moment de l'accident, nous étions en tête de la course, cinq ou six milles après le cap Ferrat. Je me souviens avoir contrôlé notre vitesse : 160 kilomètres à l'heure. Je conduisais tandis que Stefano était aux gaz. Les gaz correspondent à l'accélérateur d'une voiture. Quand on navigue à 160 ou 180 kilomètres à l'heure, il faut savoir donner les gaz, c'est un art. Que Stefano maîtrisait à la perfection. Aux gaz, il était parmi les meilleurs. Tout à coup, le bateau s'est levé de deux ou trois mètres, a fait un demi-tour et, en retombant, a heurté la mer du côté gauche, le côté où se trouvait Stefano. Le choc a été d'une violence inouïe et Stefano, je l'ai su plus tard, est mort sur le coup. »

Dans les jours qui suivront la mort de Casiraghi, le doute naît sur l'origine de l'accident. Les Italiens tirent les premiers, suivis des Allemands, des Anglais et même des Américains. Les magazines populaires ou d'autres, plus prestigieux, soulèvent des hypothèses, avancent des arguments, notent minutieusement tout ce qui a pu se passer de trouble avant et au moment de l'accident.

On évoque très directement des menaces de mort émises quelques jours avant l'accident, l'enquête de la police cherchant à démontrer le sabotage, le fait que le bateau n'ait pas été surveillé la veille de la course, les nombreux ennemis que Stefano se serait faits à Monaco à cause de sa trop grande implication dans les affaires immobilières. L'ombre de la mafia resurgit et la volonté de Casiraghi d'arrêter la compétition après cette course devient un argument supplémentaire : si quelqu'un cherchait à le supprimer en utilisant sa passion pour le offshore, c'était le moment ou jamais !

Pour ce qui concerne la surveillance du bateau, Patrice Innocenti est formel : « Durant la nuit du 2 au 3 octobre, notre offshore était sur les quais de Monte-Carlo avec tous les autres bateaux. Surveillé par deux gardiens et leurs chiens policiers. En effet, au cours d'une précédente épreuve, un équipage s'était plaint, assurant que de l'eau avait été mise dans les réservoirs d'essence de son bateau. Depuis, la surveillance avait été renforcée. De plus, cette nuit-là, nos mécaniciens ont travaillé très tard à la mise au point du catamaran. »

Pour ce qui est de la volonté de Casiraghi d'arrêter la compétition, là encore, Innocenti dément : « Ses propos ont été mal interprétés, il n'a jamais dit qu'il voulait arrêter. Pour lui, le offshore était une passion, pas un jeu. Il me disait souvent que, dans quelques années, nous ferions moins de courses, seulement les plus importantes, mais ne parlait pas de se retirer. »

Ce que confirme Mauro Ravenna, organisateur italien de matchs de boxe et de courses de offshore : « Le 16 septembre, quelques jours avant le drame, Stefano m'a parlé de ses projets. Nous étions à Jesolo, tout près de Venise, où il venait de participer à une course dont j'étais l'organisateur. Il m'a parlé d'un nouveau offshore de marque anglaise, un Cougar qu'il avait l'intention d'acheter. Il a même évoqué les moteurs qu'il voulait monter dessus… »

En fait, les arguments les plus sérieux en faveur d'un sabotage criminel sont liés à la personnalité de Stefano Casiraghi. Et aux ennemis que celle-ci lui avait valus, ceux que lui-même appelait « les requins de Monaco ». Des hommes d'affaires en place dans la principauté depuis bien longtemps, en tout cas longtemps avant l'arrivée de Stefano Casiraghi en 1984.

Jusque-là, ils faisaient tranquillement toutes sortes d'affaires : travaux publics, constructions de luxe, concession de marques haut de gamme… Tout marchait à merveille et l'avenir se dessinait en rose quand, un jour… Stefano Casiraghi épousa Caroline de Monaco. C'était fin 1983 et l'événement ne provoqua pas d'inquiétude chez les « requins ». Pour eux, le nouveau mari de Caroline était un fils à papa fortuné qui allait passer son temps à jouer au golf, faire des croisières, s'occuper de son épouse princière et, à l'occasion, prétendre travailler en dérangeant le moins de monde possible.

Ils se trompaient lourdement. À Côme, dans le nord de l'Italie dont il était originaire, Casiraghi s'était déjà fait une réputation de jeune homme ambitieux et avisé, sans relation avec la réussite de son père.

Homme d'affaires-né, couronné par divers succès dans son pays, il se lança dès son arrivée à Monaco dans un grand nombre d'entreprises. Débutant comme concessionnaire de plusieurs marques d'automobiles et d'une grande marque parisienne de prêt-à-porter et de haute couture, il fonda ensuite une société monégasque, l'Entreprise générale de construction (Engeco), amenée à édifier des immeubles de luxe et à réaliser d'importants travaux publics. Entre autres, le parking de mille places sur la place du casino de Monte-Carlo, le Yacht Club de la principauté et le Café de Paris.

En quelques années, le gendre du prince Rainier devient l'homme d'affaires numéro un de la principauté. Il est partout et contrôle des dizaines de sociétés. Dans son souci de toujours diversifier ses activités, il a même créé une compagnie de transport par hélicoptère.

Autant dire que tout cela ne fait pas que des heureux. Les jaloux et les frustrés grognent depuis plusieurs mois déjà lorsque l'accident survient le 3 octobre. L'activité de Casiraghi, son insolence parfois et ses dents longues, toujours, sa façon de considérer que tout ce qui ne lui appartient pas encore est à conquérir, et bien sûr sa situation privilégiée au cœur de Monaco lui attirent de plus en plus d'hostilité. Il est vrai qu'à chaque fois qu'il gagne quelqu'un perd. Et qu'il évolue dans un monde où on ne supporte pas de perdre.

Les menaces sont feutrées, les rancœurs à peu près tues mais, dans l'ombre ou dans le secret de certaines conversations, il se dit de plus en plus souvent que Casiraghi exagère, qu'il va trop loin, qu'il ne pourra éternellement user et abuser de sa position pour assouvir ses ambitions.

On reparle souvent d'un étrange accident qui, en 1986, avait déjà failli coûter la vie au mari de Caroline : « Nous étions au large, en train de faire des essais, se souvient Innocenti. Au bout d'un moment, Stefano a voulu monter sur un autre bateau pour observer notre offshore en navigation. Une coutume efficace, car c'est en jugeant un bateau en mouvement qu'on peut voir ce qui va et ce qui ne va pas. Il venait de débarquer quand nos réservoirs qui contenaient huit cents litres d'essence ont explosé. Je me suis retrouvé à l'hôpital, blessé mais vivant. Me demandant ce qui serait arrivé si Stefano, dont la place était tout près des réservoirs, avait été à bord… »

S'il s'agissait d'un avertissement ou d'un attentat manqué, Stefano Casiraghi n'en a pas tenu compte. Le 3 octobre 1990, son offshore éclate sur la mer. Une vague trop forte ? Un coup de vent ? Innocenti dément : « Le vent soufflait de bâbord, c'est-à-dire de gauche. Les vagues venaient également de ce côté-là. Donc, si nous avions été victimes d'une vague ou d'un coup de vent, le bateau se serait renversé sur sa droite. Or, c'est le contraire qui s'est produit. J'ai tout expliqué à la police venue m'interroger à l'hôpital. Je leur ai dit que le offshore s'est tout à coup levé de deux ou trois mètres, a fait un demi-tour et, en retombant, a heurté la mer sur son côté gauche, celui où se trouvait Stefano. J'ai pu lire des dizaines de fois dans les journaux que l'accident était dû à une vague : c'est tout à fait impossible. En revanche, je suis persuadé que c'est une partie de nos deux coques qui a cédé. Il y a eu cassure, et c'est ce qui a provoqué le drame. »

Une cassure due à une défaillance « naturelle », ce qui paraît étonnant sur un bateau aussi abouti. Ou une cassure provoquée par un explosif placé sous l'une des coques du bateau ?

Vingt ans après, personne n'a pu apporter de réponse…

Pierre Bérégovoy

Le mort du canal

Le 1er mai 1993, l'ancien Premier ministre socialiste, Pierre Bérégovoy, est retrouvé gravement blessé en fin d'après-midi le long du canal de la Jonction à Nevers, victime d'un traumatisme crânien causé par un tir de revolver. Les pompiers de la préfecture de la Nièvre, prévenus par téléphone à 18 h 18, arrivent sur place quatre minutes plus tard. Transporté à l'hôpital de Nevers, il décède dans l'hélicoptère chargé de le rapatrier à l'hôpital du Val-de-Grâce. Stationné sur le tarmac de l'hôpital, l'engin n'a décollé que quarante-cinq minutes plus tard. L'enquête de police a conclu, de manière formelle, au suicide de Pierre Bérégovoy au moyen de l'arme de service de son officier de sécurité.

Dans les jours qui suivent, les témoignages de nombreux proches le décrivent comme dépressif depuis la défaite de la gauche aux législatives de mars 1993. Et la polémique se développa, suscitée par l'achat d'un appartement parisien grâce à un prêt à 0 % consenti par Roger-Patrice Pelat, un proche de François Mitterrand. *Le Monde* va même jusqu'à indiquer, dans son édition datée du 4 mai 1993 :

« Pour toute décision importante, Pierre Bérégovoy réfléchissait longtemps avant de prendre une option. Une fois son choix arrêté, il s'y tenait et allait jusqu'au bout. Tel semble aussi avoir été le cas pour sa décision de mettre fin à ses jours. C'est la conclusion unanime à laquelle sont arrivés, dimanche, les proches collaborateurs de l'ancien Premier ministre, qui l'ont accompagné, pendant dix ans, à la municipalité de Nevers. »

L'heure est à l'émotion. Deux mois plus tôt, Bérégovoy était encore Premier ministre. En dehors du chagrin qu'il provoque dans les diverses couches de la société et de la classe politique, son suicide choque ceux qui considèrent que l'homme était à bout, attaqué de toutes parts – notamment par la presse et la justice – et abandonné par une grande partie des siens. Il a choisi de mettre fin à son calvaire. Alors, qui est responsable ? Tout le monde et personne, comme d'habitude. Au sinistre jeu qui consiste à se renvoyer la balle, François Mitterrand, dont on sait qu'il a refusé à deux reprises de répondre favorablement à une demande d'entrevue de son ancien Premier ministre, commence par attaquer fort pour mieux se défendre.

Quelques jours avant les obsèques de Pierre Bérégovoy, le président de la République désigne à mots couverts les responsables, selon lui : « Toutes les explications du monde ne justifieront pas qu'on ait pu livrer aux chiens l'honneur d'un homme et finalement sa vie, au prix d'un double manquement de ses accusateurs aux lois fondamentales de notre République, celles qui protègent la dignité et la liberté de chacun d'entre nous.

L'émotion, la tristesse, la douleur qui vont loin dans la conscience populaire depuis l'annonce de ce qui s'est passé samedi [...] lanceront-elles le signal à partir duquel de nouvelles façons de s'affronter – tout en se respectant – donneront un autre sens à la vie politique ? Je le souhaite, je le demande et je rends juges les Français du grave avertissement que porte en elle la mort voulue de Pierre Bérégovoy. »

Les juges, les journalistes et l'opposition sont donc des coupables parfaits.

Dans le camp du président, on enchaîne aisément. Ainsi, Michel Charasse : « Je serais juge ou journaliste, je ne dormirais pas bien ce soir. [...] Il a été accablé par une injustice personnelle insupportable. Depuis deux mois, il suivait un chemin de croix épouvantable. »

Pierre Bérégovoy s'est donc suicidé, et on sait à cause de qui. À droite, on ne remet pas en cause l'idée du suicide, qui paraissait si évidente, mais on lui attribue d'autres raisons. Oui, il a fauté et commis des écarts financiers ; non, il n'y a pas eu d'acharnement de qui que ce soit contre lui. Simplement, à partir du moment où ses erreurs ont été exposées sur la place publique, ses amis de gauche l'ont lâché et l'ont traité comme un mouton noir. Avec d'autant plus de cynisme que cette gauche caviar et seigneuriale n'a jamais accepté que l'ancien ouvrier devienne son chef de file.

Afin de mieux comprendre cette polémique nauséabonde, il faut se souvenir à quel point l'itinéraire de Pierre Bérégovoy fut fulgurant, et donc dérangeant pour beaucoup. C'est l'histoire, comme il y en a bien d'autres, d'un enfant, fils de déracinés, émigrés ukrainiens venus chercher une nouvelle vie en France.

Quand Pierre Bérégovoy naît le 23 décembre 1925 à Déville-lès-Rouen (Seine-Maritime), son père, Adrien Bérégovoy, qui fut un brillant capitaine russe blanc et menchevik, tient un café-épicerie dans Rouen. Très vite, le jeune garçon se montre brillant à l'école, au point que ses parents rêvent pour lui de belles études et d'une grande destinée. Et s'il devenait professeur, mieux, professeur d'université ! À l'âge de douze ans, Pierre Bérégovoy obtient son certificat d'études. Mais son père, gravement affaibli par la maladie, doit cesser de travailler. Pierre quitte alors le lycée, obtient un brevet d'études industrielles, un CAP d'ajusteur et un CAP de dessinateur industriel. Dès 1941, à l'âge de seize ans, il travaille pendant neuf mois en tant que fraiseur à l'usine de tissage Fraenckel. En 1942, sur concours, il entre à la SNCF comme cheminot. Il rencontre alors Roland Leroy, futur dirigeant du Parti communiste français et directeur du journal *L'Humanité*. À cette époque, il entre dans la Résistance via le groupe « Résistance-fer ». Il s'engage également dans les Jeunesses socialistes. En juin 1944, il participe à la libération de la banlieue rouennaise.

Ses nouvelles amitiés politiques, fondées dans la souffrance de la guerre et dans le combat de l'ombre, vont déterminer son avenir. Après la guerre, il rencontre Gilberte. Dans les années qui suivent leur mariage, ils auront trois enfants : Catherine, Lise et Pierre. En 1949, Pierre entre au cabinet de Christian Pineau, ministre des Travaux publics et des Transports dans le gouvernement Henri Queuille, en tant que chargé des relations avec les syndicats. En 1950, à Rouen, il rejoint Gaz de France comme agent technico-commercial, puis obtient en 1957 sa mutation pour Paris. En 1972, il est promu chargé de mission à GDF. Six ans plus tard, il termine sa carrière directeur adjoint à GDF.

Son parcours politique va être plus fulgurant encore. En 1969, il rejoint le Nouveau Parti socialiste au congrès d'Alfortville. Dès lors, il devient l'un des fidèles de Mitterrand et sera de toutes les campagnes, présidentielles ou autres. Il œuvre pour un rapprochement avec le Parti communiste, met lui-même au point et négocie avec le PCF l'actualisation du célèbre programme commun de gouvernement. N'oublions pas que Mitterrand n'aurait jamais été élu en 1981 s'il n'avait été allié aux communistes.

Après la victoire de Mitterrand, Pierre Bérégovoy devient secrétaire général de l'Élysée, du 21 mai 1981 à juin 1982. Il est ensuite successivement nommé ministre des Affaires sociales, ministre de l'Économie, des Finances et de l'Industrie. Puis, de mai 1988 à mai 1991, il assume les fonctions de ministre d'État, ministre de l'Économie, des Finances et de l'Industrie dans le gouvernement de Michel Rocard.

Élu maire de Nevers en septembre 1983, c'est dans cette ville dont il est toujours alors le premier magistrat qu'il trouvera la mort.

En tant que ministre des Finances, il combat l'inflation avec une certaine réussite et y gagne une réputation de gestionnaire compétent auprès des milieux d'affaires. De mai 1991 à avril 1992, il est à nouveau ministre d'État, ministre de l'Économie, des Finances, et cette fois du Commerce extérieur dans le gouvernement d'Édith Cresson.

Son talent, sa capacité de travail, son humanité et sa probité sont reconnus et loués de toutes parts. Sa modestie aussi. Régulièrement, on fait référence à ses origines humbles. Trop, à son goût. Il y voit une manière de le mépriser, de bien lui signifier qu'il n'est pas voué à aller plus haut.

Plus haut, selon lui, c'est être nommé Premier ministre. Alors qu'il est persuadé que son tour est arrivé, Édith Cresson le coiffe sur le fil. Comment ne pas y voir le signe de la faible estime dans laquelle on le tient ? Fidèle parmi les fidèles de François Mitterrand, il n'est pas pour autant un ami, ni même un proche du président. Et les proches se gardent bien de lui ouvrir les portes de leur petite cour. Aujourd'hui, il n'est pas accepté. Demain, il sera rejeté.

Son heure de gloire va cependant arriver. On ignore s'il le sait, mais l'accession à son rêve est avant tout due à l'échec d'Édith Cresson et au marasme qui accompagne la fin de règne de Mitterrand. Le pouvoir est à l'agonie, les socialistes sont en débandade, les affaires se multiplient.

En avril 1992, donc, François Mitterrand le nomme enfin Premier ministre. À ce poste, il découvre vite qu'il lui faudra affronter les attaques qui visent sa majorité. Les instructions judiciaires pour corruption touchant des proches du président de la République sont nombreuses.

Difficile de se consacrer à un programme de travail pour remettre le pays en marche quand il faut d'abord gérer ce type de dossiers. D'autant que lui-même est mis en cause par ses soi-disant amis qui lui reprochent, comme si c'était sa faute, les difficultés économiques persistantes. Ceux-ci l'accusent même d'être le symbole du ralliement des socialistes au libéralisme économique.

On y revient toujours… Il paie au prix fort son parcours atypique, propre à rendre à la fois jaloux ses adversaires comme ses amis politiques. Le modeste ajusteur est devenu le patron de la finance française, et même Premier ministre ! Ce qui est sans doute intolérable pour beaucoup de monde. D'autant que Pierre Bérégovoy va commettre une erreur qui lui coûtera cher.

Nommé Premier ministre, il se présente d'emblée comme le chantre de la lutte contre la corruption affairiste et politique. Lors du discours de politique générale du 8 avril 1992, qu'il prononce devant l'Assemblée nationale après la formation de son gouvernement, il déclare notamment : « Urgence, enfin, dans la lutte contre la corruption. […] Avec le garde des Sceaux, M. Michel Vauzelle, je veux publiquement apporter mon soutien aux juges qui poursuivent la fraude, sans autre passion que le droit. On soupçonne certains hommes publics de s'être enrichis personnellement de manière illégale. S'ils sont innocents, ils doivent être disculpés ; s'ils sont coupables, ils doivent être châtiés ; dans tous les cas, la justice doit passer. […] J'apporte également mon soutien aux policiers qui travaillent consciencieusement sous le contrôle des juges pour traquer les corrupteurs. […] Toutes les procédures seront conduites à leur terme, dès lors qu'elles révéleront des actes frauduleux commis à des fins d'enrichissement personnel. […] S'il est des dossiers qui traînent, croyez-moi, ils ne traîneront plus. […] Croyez-vous que je prendrais la responsabilité de tels propos devant la représentation nationale – que je respecte – et devant l'opinion publique, si je n'avais pas l'intention d'honorer tous les engagements que je prends devant vous ? »

Répondant instinctivement aux invectives de certains députés, le Premier ministre brandit alors une feuille de papier et déclare : « Comme je suis un Premier ministre nouveau et un homme politique précautionneux, j'ai ici une liste de personnalités dont je pourrais éventuellement vous parler. Je m'en garderai bien ! [...] S'il existe encore des élus qui, à quelque niveau que ce soit et à quelque parti qu'ils appartiennent, ne respectent pas les nouvelles règles de financement de l'activité politique, qu'ils le sachent : le gouvernement sera impitoyable. »

Pour toute la France politique, observateurs et journalistes compris, le Premier ministre a dérapé. Déjà. On ne vient pas jouer les chevaliers blancs quand on appartient à une majorité salie par les affaires. On ne fait pas de discours menaçant, assez proche du chantage, si on n'est pas impeccable soi-même. Et ses amis aussi.

Ce n'est pas tant l'engagement passionné de Bérégovoy dans la lutte qu'il entend mener contre la corruption qui choque, que le fait qu'il est le chef de file d'une majorité qui multiplie les scandales financiers depuis des années. Quand on compte dans son gouvernement un Bernard Tapie, symbole de l'argent sale et des escroqueries en tout genre, il paraît délicat de se faire le chantre de la virginité politique.

Premier dérapage donc, mais qui n'est rien à côté de ce qui va suivre... Car Pierre Bérégovoy est bien vite rattrapé par le scandale. Et, cette fois-ci, il en est la cible.

À l'origine, Samir Traboulsi, un financier libanais ami de la famille, figure emblématique des grands intermédiaires entre la France et les pays arabes. Depuis 1989, celui-ci se débat avec la justice dans l'affaire Pechiney-Triangle, un délit d'initiés qui semble mettre en cause les milieux politiques. Alain Boublil, le directeur de cabinet de Bérégovoy, est également impliqué. Et dans une certaine mesure Pierre Bérégovoy aussi, ce qui est plus grave encore.

De nouveau nommé ministre des Finances en 1991, Pierre Bérégovoy est rapidement soumis à des demandes d'abord amicales, puis à de vives pressions de la part de Samir Traboulsi. Ce dernier veut que Bérégovoy use de son pouvoir pour l'aider face à la justice. Il finit par le harceler, lui laissant entendre qu'il dispose de moyens de pression efficaces. Craignant d'être inculpé par Édith Boizette, le juge instructeur de l'affaire, Traboulsi joue son va-tout. Quels sont ses moyens de pression ?

Au moment où Samir Traboulsi est renvoyé devant un tribunal correctionnel en janvier 1993, il semble qu'il ait menacé le Premier ministre de dévoiler que l'affaire dans laquelle il est incriminé aurait débuté lors du dîner d'anniversaire de mariage du couple Bérégovoy, le 13 novembre 1988, dans le restaurant parisien Chez Edgar.

Voilà pour l'affaire Traboulsi, déjà peu glorieuse pour celui qui se veut le chantre de la lutte contre la corruption. Dans le même temps, plus grave encore, éclate l'affaire du prêt Pelat, révélée par *Le Canard enchaîné* en février 1993. Il s'agit d'un prêt d'un million de francs, sans intérêts, que Pierre Bérégovoy a reçu en 1986 de Roger-Patrice Pelat, ami intime de Mitterrand, pour l'achat d'un appartement situé rue des Belles-Feuilles, à Paris, dans le XVIe arrondissement. Or cet ami, lui-même impliqué dans l'affaire Pechiney, se retrouve au centre d'une autre affaire de corruption, concernant l'entreprise de travaux publics Heulin, au Mans, qui constituera elle-même le point de départ de l'affaire Urba.

En outre, pour ce prêt passé devant notaire et qualifié de légal par la chancellerie, Pierre Bérégovoy n'aurait remboursé la somme due que partiellement. Une partie aurait prétendument été couverte sous forme d'objets d'art et de meubles dont on ne connaît ni la nature ni la valeur.

Le juge Thierry Jean-Pierre, qui instruit cette affaire complexe, découvre non seulement le prêt Pelat, mais aussi les nombreuses libéralités accordées à la famille Bérégovoy par le milliardaire : ainsi la prise en charge financière par Roger-Patrice Pelat de plusieurs vacances du couple Bérégovoy, entre 1982 et 1989 ; les versements d'argent effectués à Lise Bérégovoy, l'une des filles du Premier ministre, pour qui Pelat se portait également caution auprès des banques pour des emprunts répétés, ou encore des billets d'avion gracieusement offerts à la jeune femme.

Le juge Jean-Pierre met également en lumière la persistance de découverts bancaires jugés « faramineux », accordés par la SDBO, filiale du Crédit Lyonnais, aux membres de la famille Bérégovoy. Apparaît ainsi un découvert de 199 737,20 francs au mois d'avril 1993. Puis, de nouveau, on trouve la trace de prêts monétaires aux membres de la famille Bérégovoy, notamment à sa fille Lise, de cadeaux à son épouse Gilberte, ainsi que des aides ponctuelles consenties à Pierre Bérégovoy entre 1986 et 1988.

Aucune action judiciaire n'est encore engagée contre lui, mais trop d'éléments accablants ont miné la crédibilité de Bérégovoy à la veille d'une défaite électorale annoncée. Car, il ne faut pas se tromper, les deux affaires à charge contre lui n'ont en rien pesé sur le résultat des élections législatives, en mars 1993. Élections que la droite emporte dans un raz-de-marée impressionnant.

Simplement, comme il faut toujours chercher des responsables à une défaite cuisante, le Premier ministre est un bouc émissaire idéal. Lui qui se voulait exemplaire au point de prendre la tête d'une croisade contre la corruption, il apparaît politiquement miné par les affaires que lui-même dénonçait. De là à lui attribuer une bonne part du fiasco… Ses amis ne vont pas s'en priver. Les uns après les autres, et jusqu'au plus célèbre d'entre eux, ils vont lui tourner le dos.

Personne ne conteste encore la thèse du suicide, même si tous ne s'accordent pas sur ses motivations. Pour les uns, Bérégovoy était un homme fini, tremblant de ce que les juges allaient révéler, paniquant même à l'idée de se retrouver en prison. Pour d'autres, il était un homme d'honneur qui n'avait pas péché, sinon par naïveté, incapable de supporter l'opprobre qui lui était fait et la honte qui entachait sa vie et sa famille. Pour d'autres encore, il était désespéré de se voir abandonné par tous ceux qu'il avait toujours soutenus et servis de son mieux. Ceux-là, il ne se privait pas de le dire en privé, avaient bien plus à se reprocher que lui-même. À n'en pas douter, sa mort arrangeait nombre de personnes. C'est cette certitude qui allait donner naissance au second volet de l'affaire Bérégovoy, six ans après sa mort.

En 1999, prenant appui sur le suicide de l'ancien Premier ministre et sur celui de Robert Boulin, Hamedi Karine publie sa thèse de sciences politiques montrant que, de façon générale, le suicide d'un homme politique arrange tout le monde. En 2002, bien que la hiérarchie des Renseignements généraux déclare officiellement ne pas la tenir pour crédible, le quotidien *Le Parisien* fait état d'une note interne de ce service concluant à l'assassinat.

Signée Didier Rouch, cette note de vingt-sept pages, intitulée « L'étrange suicide », résume une contre-enquête réalisée sous la responsabilité de l'ex-commissaire des Renseignements généraux de la Nièvre, Hubert Marty-Vrayance. Ce dernier affirmera avoir travaillé pour le compte du directeur des RG, Yves Bertrand, qui lui aurait demandé de creuser la piste du meurtre, en parlant notamment d'un « commando » chargé de surveiller Bérégovoy. Bertrand a catégoriquement nié cette version des faits.

Selon ce rapport, Pierre Bérégovoy aurait été abattu par des hommes-grenouilles. L'argument le plus probant concerne le calibre de la balle tueuse, différent de celui de l'arme de service supposée avoir été utilisée par Pierre Bérégovoy.

Un documentaire présenté par Laurent Delahousse et diffusé sur France 2 en avril 2008 a cependant rejeté cette hypothèse, prétendant lever les principales zones d'ombre sur lesquelles elle se fondait. Le documentaire apporte une explication aux deux coups de feu entendus par certains témoins : le premier aurait été un coup d'essai tiré par Pierre Bérégovoy lui-même, de manière à s'assurer du fonctionnement d'une arme dont il n'avait pas l'habitude. Il révèle également que Didier Boulaud (directeur de cabinet de Pierre Bérégovoy à l'époque) a subtilisé le répertoire de l'ancien Premier ministre parce qu'il contenait des informations personnelles qu'il aurait été fâcheux de révéler à sa femme. Il accrédite finalement le fait qu'une autopsie et une analyse balistique comparative ont bien été pratiquées, contrairement à certaines affirmations. Enfin, le documentaire atteste que, dans les semaines qui précèdent, Pierre Bérégovoy aurait déclaré à son directeur de cabinet qu'il songeait à imiter Roger Salengro. Et il semble avéré qu'il était traité pour un état fortement dépressif qui avait alerté ses proches.

L'ensemble de ces précisions sont balayées par son épouse Gilberte : il ne lui a pas laissé de lettre d'adieu et, pour elle, cela suffit à rendre impossible l'hypothèse d'un suicide. En revanche, un journaliste du *Monde*, Jacques Follorou, rapporte dans un livre[1], également publié en avril 2008, les confidences de l'ancien gendre de Pierre Bérégovoy, l'avocat Vincent Sol, concernant deux lettres que l'ancien Premier ministre lui aurait remises en mains propres quelques semaines avant sa mort, dont celle, qui lui était destinée, lui demandant de s'occuper de sa famille après sa mort.

Dans la même optique, l'enquête de Benoît Collombat diffusée en mai 2008 sur France Inter a apporté les précisions de témoins qui n'avaient pas encore parlé :

---

1. *Bérégovoy, le dernier secret*, Fayard.

le responsable des pompiers de Nevers, le lieutenant-colonel Daniel Saksik, et le docteur Alain Chantegret, responsable du SAMU de la Nièvre, premiers arrivés sur les lieux, confirment la version du suicide.

Difficile de s'y retrouver entre informations et contre-informations, révélations et contre-révélations, témoignages tardifs et récits évasifs. Un certain nombre d'éléments démentent toutefois de manière cinglante la version officielle. Et là, nous ne sommes plus dans la fantasmagorie, mais dans les faits.

Même si l'idée a mis du temps à faire son chemin, à partir de 2003 elle ressemble à une déferlante. Les années ont passé, on a appris beaucoup sur la « Mitterrandie ». De plus en plus, les langues se délient.

Paradoxalement, c'est la réputation de Pierre Bérégovoy qui fait d'abord les frais des premiers doutes jetés sur sa mort. Depuis le 1er mai 1993, l'homme politique n'a cessé d'être couvert d'éloges. On ne lui trouvait aucun défaut, on ne lui connaissait aucun ennemi… Peu à peu, cette image change. Les uns et les autres y vont de leurs visions peu aimables sur les dernières années de pouvoir de l'ancien Premier ministre.

On rappelle que, secrétaire général de l'Élysée, il espérait devenir Premier ministre dès 1983, et qu'il le deviendra en 1992 après avoir « saboté » l'action de la première femme Premier ministre en France, Édith Cresson, alors qu'il occupait lui-même les fonctions de ministre des Finances dans son gouvernement. Par ailleurs, dès 1992, il se prépare plus ou moins discrètement à devenir président de la République… Il irrite tant ses « amis » socialistes et ses adversaires gaullistes, que tous lui font une réputation de corrompu. Tombant dans le piège, il annonce lui-même qu'il va lutter contre la corruption « de droite »… comme s'il ignorait que ses propres affaires étaient douteuses.

Ce n'est plus un secret pour personne, durant son double septennat, François Mitterrand a pleinement assumé son rôle de monarque républicain. Un monarque avec cour et courtisans, favoris et favorites, récompensés ou châtiés selon son bon vouloir ; une cour avec ses intrigues et ses jalousies, ses jouissances, ses déprimes et ses suicides, sans oublier les scandales évoqués dans plusieurs livres par des auteurs qui furent aussi des proches[1]. Il en demeure une pénible sensation de malaise. Où se trouve donc la vérité ?

Le « suicide » de Pierre Bérégovoy, le 1er mai 1993, demeure énigmatique, de même que le « suicide », en 1994, d'un « ami » du président de la République, François de Grossouvre, ou encore la mort d'un autre ami de François Mitterrand, Roger-Patrice Pelat, industriel très informé…

En 2003, les éditions de La Table Ronde publient un livre de Dominique Labarrière intitulé *Cet homme a été assassiné*. C'est une véritable bombe, d'autant que Denis Tillinac, éditeur du livre, monte au créneau avec courage lors d'une conférence de presse : « Je publie ce livre parce que le suicide de Pierre Bérégovoy m'a toujours semblé suspect. Il n'y a jamais eu d'enquête sérieuse et, comme

1. On peut notamment citer Erik Orsenna, *Grand amour*, Le Seuil, 1993 ; Laure Adler, *L'Année des adieux*, Flammarion, 1995 ; Georges-Marc Benamou, *Le Dernier Mitterrand*, Plon, 1997.

le délai de prescription est proche, j'estime que c'est le moment d'en ouvrir une. »

L'auteur renchérit : « Je suis convaincu qu'il a été assassiné. Je pense même que le 1er mai 1993, le long du canal, il avait rendez-vous avec quelqu'un. À cet endroit, protégé par quelques mètres de bois, on rejoint une route juste derrière. D'après moi, cette rencontre a mal tourné. Il y a un faisceau d'indices troublants. Pierre Bérégovoy n'a laissé aucun mot d'adieu, alors qu'il est très proche de sa famille. Son carnet a disparu. On sait qu'il notait tout sur ce carnet et qu'il l'avait dans sa poche une demi-heure avant sa mort. Je pense donc qu'il y avait sur ce carnet la trace du dernier rendez-vous. On voit aussi, sur l'unique photo du mort sur le brancard, que l'orifice sur le sommet du crâne n'est pas très grand et ne ressemble pas à la trace que laisse, dans la majorité des cas, un 357 Magnum. Il aurait fallu faire une expertise balistique. La famille a toujours réclamé en vain le rapport d'autopsie. En fait, il n'y a pas eu d'enquête. Sous la pression politique, en un quart d'heure, une vérité officielle s'est imposée, celle du suicide d'un homme désespéré. »

Et Dominique Labarrière enfonce le clou au cours de la même conférence de presse : « Tout le monde a décrit un Pierre Bérégovoy profondément dépressif… Oui, même son chauffeur et son garde du corps sont venus dire qu'il avait fait d'autres "tentatives" dans la journée du 1er mai 1993. Alors pourquoi l'avoir laissé seul avec l'arme dans la boîte à gants ? On a beaucoup brodé sur la "déprime" de Bérégovoy, pour mieux cacher le "lâchage" dont il avait été victime de la part de l'Élysée.

Certes, deux mois avant, au moment de son départ de Matignon, il n'était pas bien. Mais il avait remporté

faire une photo du couple à travers la vitre. Sur le cliché, ils sourient tous les deux, ils semblent heureux de poser, ce qui n'est sans doute pas le cas. En effet, dès que le feu passe au vert, Henri Paul accélère comme s'il cherchait à fuir un danger pressant. Le danger en question s'éloigne dans son rétroviseur au fur et à mesure qu'il accélère : les paparazzi ne sont pas équipés pour suivre pareille allure. En quelques secondes, la voiture atteint les 150 km/h. Comme personne n'imagine que le chauffeur ait pris seul la décision d'accélérer à ce point, on peut penser qu'il en a reçu l'ordre de Dodi ou du garde du corps… Mais pourquoi ? Aussi agaçants soient-ils, les paparazzi ne représentent pas un danger majeur, au point de filer dans Paris à une allure folle.

La Mercedes s'engouffre à 160 km/h sous le tunnel de la place de l'Alma, et là, c'est le crash. Épouvantable. Un hurlement de pneus en perdition, le vacarme de la carrosserie qui explose dans la collision avec un pilier du tunnel. La Mercedes rebondit tel un jouet et va percuter le mur opposé. Dans sa course effrénée, elle frappe un nouveau pilier avant de s'arrêter, comme vaincue.

Quelques secondes plus tard, il reste de la fumée, d'étranges bruits qui écornent le silence, puis le calme fascinant qui succède aux massacres. M. Paul est mort, écrasé contre son volant, Trevor Rees-Jones est un mort-vivant qui le restera pendant des années. À l'arrière, Dodi a été tué sur le coup. Diana, qui semble épargnée, murmure comme une prière : « *My God… My God…* »

Transportée à l'hôpital de la Pitié-Salpêtrière, elle y décède à 4 h 20 du matin. L'équipe de réanimation, constituée des plus grands médecins disponibles, n'est pas parvenue à la maintenir en vie. Le transfert du lieu de l'accident à l'hôpital a pris plus d'une heure. L'ambulance a roulé à 7 km/h pour éviter de malmener une blessée dans un état désespéré.

La vie de Diana s'achève, sa légende commence. Et aussi les légendes entourant sa mort. D'abord discrètes, les questions sur l'accident se transforment en interrogations, puis en rumeurs que plus rien n'arrête.

On revit les derniers mois de la princesse, son divorce, les heurts violents avec sa belle-mère, la reine, pour laquelle elle n'était plus depuis longtemps qu'une tache sur la cour et sur la famille royale. On parle à nouveau de l'hostilité violente que lui vouait le prince Philip, son beau-père. On évoque les campagnes détestables menées par certains journaux populaires qui auraient voulu qu'on l'exile plutôt que de la laisser continuer à déshonorer l'Angleterre par ses comportements erratiques.

Que reproche-t-on à Diana ? D'abord, d'être la femme la plus populaire d'Angleterre, crime de lèse-majesté. Ensuite, elle n'avait pas su respecter son rang de princesse, d'épouse du futur roi et de mère du futur prince héritier. Pire, elle n'a pas accepté la liaison de son mari avec Camilla Parker-Bowles et, après en avoir beaucoup souffert, elle a pris elle-même des libertés avec son contrat de mariage.

Pour tout dire, elle gênait. Elle gênait même beaucoup. De là à ce que l'on veuille la tuer…

Dans le rôle du méchant commanditaire, le prince Philip s'impose dans l'esprit du public, et surtout dans celui de Mohamed Al-Fayed, père de Dodi. Il faut reconnaître que, même si cela ne fait pas de lui un assassin, le mari de la reine avait tendance à s'étrangler de fureur, ces derniers temps, à l'énoncé des frasques de Diana.

Il ne l'avait jamais aimée. Désormais, il la haïssait.

Depuis quelques mois, Diana avait pris encore plus de libertés, affichant trop ouvertement son mépris de l'étiquette. Après le médecin pakistanais, le milliardaire égyptien… Celui-ci, elle ne le connaît que depuis le mois de juillet, même si leurs familles sont amies depuis longtemps.

C'est en juillet, sur le yacht de Mohamed Al-Fayed (sur lequel elle a emmené ses deux enfants, pour la plus grande colère de la reine et de la presse anglaise), qu'elle a sympathisé avec Dodi. Le mot est sans doute faible puisqu'ils ne se sont quasiment plus quittés depuis. De Saint-Tropez à Antibes ou à Monaco, ils font désormais route ensemble.

Tout juste se sont-ils séparés début août, lorsque Diana s'envole pour la Bosnie afin d'y jouer son rôle d'ambassadrice de la paix et de continuer à mener son combat incessant contre les mines antipersonnel.

Les proches de Dodi ont librement évoqué la volonté du nouveau couple de vivre ensemble et la passion qui l'unit. Les journaux anglais ont protesté au nom de la cour. Ils tiennent tous le même discours, à savoir que la mère d'un futur roi d'Angleterre ne saurait être mariée à un musulman !

On comprend mieux que dans les mois qui suivent l'accident, et alors que l'émotion reste prégnante, les premiers soupçons se portent vers cette piste.

Et si Diana avait été assassinée ? Persuadé du fait, Mohamed Al-Fayed engage un long combat devant les tribunaux pour essayer de le démontrer. Le propriétaire du grand magasin londonien Harrods est persuadé que le couple a été victime d'un complot orchestré par la famille royale britannique. Il est même convaincu qu'une équipe du MI6 – les services secrets britanniques – a été dépêchée à Paris, qu'elle était embusquée aux abords du tunnel et qu'un coup de feu au moins a été tiré sur un pneu de la voiture…

La théorie d'Al-Fayed ne repose sur aucun élément concret, mais plutôt sur sa conviction qu'il est rejeté, voire méprisé par la famille royale et même par le pays tout entier. Depuis des années, il cherche à acquérir la nationalité britannique. Il a beaucoup donné dans ce but, beaucoup investi dans l'économie britannique. Harrods, qu'il a remis à flot alors qu'il était en déconfiture, est un exemple parmi cent. À force d'argent injecté dans ce magasin, il l'a modernisé et en a fait un paradis du shopping, un paquebot de luxe amarré au cœur de Londres, attirant les touristes du monde entier.

Pour cette seule raison, les Anglais auraient pu lui dresser une statue ; ils se sont évertués à le mépriser et à l'ignorer. Si les Anglais aiment beaucoup l'argent, ils n'apprécient pas ceux qui en possèdent, surtout lorsqu'ils sont étrangers et ont bâti leur fortune plutôt que d'en hériter. À plusieurs reprises, les gouvernements britanniques, conservateur comme travailliste, lui ont donc refusé la nationalité anglaise. Et au 10, Downing Street, on a toujours expliqué que ce rejet était fondé sur des interrogations à propos de l'origine de sa fortune et sur ses mensonges quant à sa filiation. Les conditions controversées de l'achat du grand magasin Harrods (il a été accusé d'avoir servi de prête-nom au sultan de Brunei) lui ont nui.

Avec l'idylle Diana-Dodi, Al-Fayed était persuadé de tenir sa revanche : on ne pourrait plus l'ignorer longtemps encore. Que ce rêve ait pu être détruit en quelques secondes par un simple accident lui paraît inconcevable. Il cache forcément autre chose.

Bien sûr, nul n'est obligé de le croire sur parole. D'autant que la théorie de l'assassinat pourrait l'arranger sur un plan purement matériel. On sait qu'il a tout intérêt à ce que cet accident ne soit pas l'effet du hasard. Pourquoi ? Parce que, en ce cas, il serait considéré comme le responsable, à charge pour lui de payer les dommages et intérêts aux familles des victimes.

À la fin de l'enquête française qui confirme la thèse de l'accident, il remue ciel et terre afin que les Britanniques déclenchent leur propre enquête. D'abord, il espère qu'ils prendront enfin en compte sa propre version. Ensuite, il a la certitude qu'une nouvelle procédure lui ferait gagner du temps. Et, dans ce cas, le temps représente beaucoup d'argent.

Tant que les conclusions ne seraient pas définitives, il n'aurait pas à payer des sommes faramineuses aux parties civiles : les parents d'Henri Paul, la famille de Diana, ses deux enfants, Trevor Rees-Jones.

Le fait est patent : si, comme le prétendent les enquêteurs français, il s'agit d'un simple accident, en tant que propriétaire du Ritz il doit en être tenu responsable. D'autant que durant leurs séjours en

France, il a refusé la protection officielle française offerte à Diana et Dodi, préférant les faire protéger par un garde du corps – Trevor Rees-Jones –, l'un de ses employés.

Surtout, c'est le Ritz qui a fourni la voiture et le chauffeur. Si la Mercedes ne pose aucun problème, il n'en est pas de même pour Henri Paul, le chauffeur commis d'urgence… Celui-ci ne possédait pas le permis nécessaire pour conduire une voiture de grande remise à l'instar de la Mercedes 600, ce qui est un premier élément. Par ailleurs, l'enquête menée sur Henri Paul a établi qu'il était dépressif et prenait des anxiolytiques. De plus, étant de repos ce soir-là, il avait une forte quantité d'alcool dans le sang.

Alors, simple faute du chauffeur ? Les choses ne sont pas si simples. Et Mohamed Al-Fayed va se charger de le faire savoir. D'abord, qu'en est-il de la mystérieuse Fiat Uno qui aurait gêné la course de la Mercedes, provoquant l'accident, puis prenant la fuite ? On ne l'a jamais retrouvée…

Est-on bien sûr que c'est le sang de M. Paul qui a été analysé ? La famille du chauffeur n'est pas convaincue que le taux d'alcoolémie annoncé soit exact. Lors de l'enquête, elle a apporté une preuve visuelle, grâce aux films des caméras de surveillance du palace. Le comportement d'Henri Paul, quelques minutes avant le départ du Ritz, était celui d'un homme en parfaite possession de ses moyens.

Le 10 septembre 1997, on révèle qu'en plus de 1,75 gramme d'alcool le sang d'Henri Paul contenait des traces de neuroleptique et d'antidépresseur. Là aussi, on s'étonne : la deuxième analyse a été menée par le laboratoire de toxicologie de la préfecture de police de Paris, qui n'a rien trouvé !

Soit les deux premières analyses ont été bâclées, soit on a voulu dissimuler des éléments. À moins que, nouvelle hypothèse soutenue par Al-Fayed et la famille d'Henri Paul, le sang étudié lors de la troisième expertise ne soit pas celui de ce dernier.

Autre sujet d'interrogation : un chauffeur de taxi, témoin de l'accident puisqu'il roulait à portée de la Mercedes, a déclaré avoir vu une voiture – une Peugeot 205 noire cette fois ! – gêner le conducteur de la berline. Ce témoignage a été recueilli quelques jours après l'accident. Ensuite, le chauffeur de taxi a perdu la mémoire…

Il n'est pas le seul : Trevor Rees-Jones, employé de Mohamed Al-Fayed et, ce soir-là, garde du corps de Dodi et Diana, aurait dû être le grand témoin ! Seul survivant parmi les quatre occupants de la Mercedes, son témoignage était attendu avec ferveur. Hélas, après des mois et des mois d'espoir, on apprend que le malheureux ne se souvient de rien. De trop nombreuses et trop lourdes anesthésies l'ont rendu amnésique. Définitivement, semble-t-il, et tout du moins en ce qui concerne la nuit du 31 août 1997.

Quelques années plus tard, cette amnésie n'empêchera pas Trevor Rees-Jones de publier un livre… de souvenirs ! Très complet sur sa vie et son parcours, il reste extrêmement laconique au sujet de l'accident.

Que faut-il en déduire ? Soit il sait que cet accident en est bien un, et son patron, Mohamed Al-Fayed, lui a demandé de garder le silence. Soit il a vu quelque chose de suspect mais a peur de témoigner, malgré les pressions de son patron. Troisième hypothèse : il est réellement amnésique et ne se souvient pas de ce qui s'est passé cette nuit-là ; ce qui, médicalement parlant, est tout à fait plausible.

Le fait que, dès son rétablissement, son patron l'ait repris en main avant de l'expédier à l'autre bout du monde avec une jolie rente plaide plutôt pour la première hypothèse.

Les lacunes de l'enquête menée par la police française alimentent les doutes et les questions. Ainsi, plusieurs paparazzi ont-ils pu quitter les lieux sans même être interrogés par la police. Trois d'entre eux ne le seront que plusieurs jours plus tard. L'un d'eux s'est d'ailleurs suicidé un an après, dans des conditions demeurées mystérieuses.

Si l'enquête française est aussi convaincante que certains l'affirment, pourquoi a-t-on eu besoin d'une enquête britannique ? Sans forcément épouser la théorie du complot, il faut bien reconnaître que trop de doutes, trop d'éléments jamais éclaircis n'ont fait qu'alimenter cette croyance…

Il faut aussi reconnaître que l'affaire Diana aurait été « bouclée » quelques années plus tôt si Mohamed Al-Fayed n'avait employé des moyens financiers colossaux pour la faire durer au-delà du raisonnable. Les hommes qu'il employait, notamment des détectives privés, ont enquêté dans toutes les directions, mais dans un seul but : démontrer que l'accident n'en était pas un.

Dès le début, la thèse de l'assassinat défendue par Mohamed Al-Fayed a été la mission première de l'enquête britannique. Il s'agissait d'une enquête criminelle, alors que l'investigation française concernait un simple accident de la circulation.

Nul ne saurait contester à un père le droit de vouloir connaître la vérité sur la mort de son fils. Mais, dans ce cas précis, on remarque que la prétendue enquête parallèle menée par l'équipe d'Al-Fayed l'a toujours été à sens unique.

Surtout, la théorie du complot, et donc celle de l'attentat, n'a jamais été étayée par des éléments concrets. Elle l'a seulement été par des soupçons et des présomptions, voire par des rumeurs habilement distillées. Avec le recul, l'impression finale est que la théorie de l'attentat relève de la construction mentale, rien de plus.

Alors qu'on s'accordait sur le fait que la famille royale avait toléré, bon gré mal gré, bien des écarts de la princesse sans tenter pour autant de la tuer, un nouveau coup de théâtre allait faire resurgir, plus forte que jamais, la théorie du complot. Et cela à un moment où, sur le plan dynastique, tout semblait rentré dans l'ordre. La reine régnerait jusqu'à sa mort, le prince Charles attendrait pour ceindre la couronne, son fils aîné prendrait le relais.

Bien des mois après l'accident, plus rien ne tendait à mêler, de près ou de loin, la famille royale à la mort de Diana et Dodi. Au contraire, tout le monde rappelait qu'au moment des faits Diana était divorcée depuis un an. La famille royale britannique avait tourné la page. Une opération de relations publiques visant à réhabiliter le prince Charles avait été engagée, afin de faire accepter son remariage avec son amie de toujours, Camilla.

Même si le remariage de la mère du futur roi d'Angleterre avec un musulman aurait pu poser problème à l'establishment britannique, on n'en était pas encore là. Ils se connaissaient à peine depuis deux mois, et, de toute façon, l'affaire ne pouvait pas justifier un attentat commis par l'État.

Et puis, ce fut le choc : Diana aurait été enceinte de Dodi ! C'est du moins ce qui aurait été découvert au moment de l'autopsie, et qui serait longtemps demeuré caché. Et Mohamed Al-Fayed de renchérir : « Voilà pourquoi on a tué mon fils et la princesse ! On ne voulait pas que le futur roi d'Angleterre ait un demi-frère ou une demi-sœur musulmane. Il fallait empêcher cela à tout prix, y compris en commettant un double assassinat. On cherchait un mobile à ce crime ignoble, aujourd'hui on l'a. »

Les démentis plutôt flous de l'hôpital français, affirmant qu'aucune preuve ne permet d'affirmer que Diana était enceinte, ne sont pas de nature à convaincre Al-Fayed. Ni la presse populaire, ni une grande partie du public.

Le mobile ! On tenait le mobile ! C'est en grande partie à cause de celui-ci que les Britanniques se sont décidés à lancer leur propre enquête, prenant le pas sur l'enquête française.

À partir de janvier 2004, soit sept ans après les faits, l'Angleterre ouvre donc sa propre enquête en France. Elle est confiée à l'équipe de Lord Stevens, ancien chef de Scotland Yard.

Sur la prétendue grossesse de Diana, l'enquête n'a jamais rien pu démontrer. Seule l'équipe médicale française qui s'est occupée d'elle au moment de sa mort pouvait dire quelque chose. En effet, quelques heures plus tard, à la demande des autorités britanniques, son corps devait être embaumé. Une fois qu'un corps a été embaumé, une grossesse éventuelle ne peut plus être décelée, en raison de la présence de produits chimiques.

Enfin, si la princesse avait été enceinte, cela aurait difficilement pu être le fait de Dodi, auquel elle n'était liée que depuis un mois et demi, mais plutôt de son ex-chevalier servant, le chirurgien d'origine pakistanaise.

Le 14 décembre 2006, Scotland Yard conclut à… un accident.

Trois années de procédure, des millions de livres dépensés et l'audition de centaines de témoins (dont le prince Charles et une Chinoise spécialiste d'acupuncture) ont été nécessaires pour boucler l'une des enquêtes les plus sensibles que Scotland Yard ait eu à traiter. Lorsque la police britannique publie enfin ses conclusions sur la mort de la princesse Diana, le 31 août 1997 à Paris, elle confirme la thèse de l'accident. Tout ça pour ça !

Le rapport conclut qu'Henri Paul, le chauffeur de la princesse, après avoir trop bu ce soir-là, a perdu le contrôle de sa Mercedes alors qu'il roulait à 160 km/h pour fuir les paparazzi. Nul complot, nulle machination par conséquent. L'enquête confirme que la voiture n'a pas été sabotée et que la princesse n'était ni fiancée ni enceinte de Dodi Al-Fayed.

Seul élément nouveau selon l'hebdomadaire *The Observer*, les enquêteurs britanniques auraient découvert, sans l'expliquer, que des services secrets américains écoutaient les conversations téléphoniques de Diana dans les heures précédant le drame. La CIA a démenti, et les autres agences n'ont pas réagi à cette affirmation.

Scotland Yard devait aussi dévoiler qu'Henri Paul travaillait pour la DST (Direction de la surveillance du territoire), ce qui lui aura permis d'accumuler 150 000 euros sur quatorze comptes bancaires.

Le résultat de l'enquête ne convainc pourtant pas le père de Dodi, Mohamed Al-Fayed, qui à Londres, dans le magasin Harrods, a installé un mémorial en souvenir de Dodi et Diana. Il continue son combat. Il reste persuadé que son fils et Diana ont été assassinés, et qu'on sera bien obligé de le reconnaître un jour.

De son côté, Scotland Yard rejette régulièrement, et en bloc, toutes les accusations d'Al-Fayed. En une décennie, ce dernier a saisi, en vain, les justices britannique, française et écossaise, armé d'un sempiternel motif : son fils a été tué dans le cadre d'un complot de la monarchie britannique, parce que la princesse était enceinte et que le couple s'apprêtait à se fiancer.

Dodi Al-Fayed a bien acheté une bague de fiançailles quelques heures avant l'accident, confirme le grand joaillier Repossi. Dodi Al-Fayed « ayant souhaité que cette bague soit disponible au plus tard le 30 août 1997, les ateliers Repossi, traditionnellement fermés durant cette période, ont néanmoins retravaillé ce bijou afin de l'adapter sur mesure », explique le joaillier.

Repossi indique que « la réalité de ces faits est en particulier établie par l'enregistrement d'une cassette de vidéosurveillance, ainsi que par l'établissement d'une facture d'achat, éléments qui ont été régulièrement communiqués aux autorités judiciaires ». Le bijoutier entend ainsi réfuter les nombreux articles de la presse internationale ayant affirmé que la bague achetée par le milliardaire n'était pas destinée à la princesse Diana.

Al-Fayed a rejeté le rapport de Scotland Yard avant même sa publication, le qualifiant de « choquant ». Sur BBC Radio 4, il assure : « Je sais au plus profond de mon cœur que je suis la seule personne à connaître la vérité. » Il donne même une conférence de presse pour dénoncer les conclusions de Scotland Yard…

Fin de l'histoire ? Non. Car l'enquête de police a permis la reprise de l'enquête judiciaire par un magistrat légiste (Coroner), traditionnelle en Angleterre en cas de mort suspecte. Suspendue en janvier 2004, cette enquête a repris en janvier 2007.

Il ne s'agit pas d'un procès, mais d'une simple procédure visant à déterminer les circonstances de la mort de Diana et de Dodi. Selon la loi britannique, une enquête judiciaire est obligatoire pour établir la cause de toute mort non naturelle. Finalement, le juge Scott Baker, qui a dirigé l'enquête judiciaire suivant les conclusions de l'enquête de police, demande à un jury populaire de rendre le verdict en avril 2008, soit près de onze années après les faits.

Les onze jurés se sont retirés quelques jours plus tôt pour délibérer, après six mois d'audiences à la Haute Cour de Londres. Scott Baker leur a laissé le choix entre cinq verdicts : mort accidentelle, verdict sans décision faute d'éléments suffisants, ou homicide provoqué, soit par la conduite extrêmement négligente des véhicules poursuivants, soit par celle du chauffeur de la Mercedes, soit par les deux cumulées.

Dans leur verdict, les jurés écartent d'emblée la théorie du complot. Selon eux, l'accident a été provoqué par une double négligence, celle des paparazzi qui poursuivaient la voiture, et celle du chauffeur.

Le jury estime que l'altération du jugement du conducteur de la Mercedes, Henri Paul, en raison de son taux d'alcoolémie élevé, est un facteur ayant provoqué l'accident, de même que le fait que la princesse et son compagnon n'aient pas attaché leur ceinture.

À l'énoncé du verdict, Mohamed Al-Fayed s'avoue pour la première fois vaincu. Il décide d'abandonner sa longue bataille devant les tribunaux. Mais avec des réserves… Dans une longue interview accordée à la chaîne de télévision ITV, le milliardaire égyptien reconnaît qu'il est fatigué, et même épuisé après onze années de combat, tout en réaffirmant sa conviction que Diana et Dodi ont bien été assassinés.

Une dernière fois, il soutient que le couple a été tué dans le cadre d'un complot ourdi par le prince Philip, pour éviter que Diana, mère d'un futur roi d'Angleterre, n'épouse un musulman. Et il affirme à nouveau que Diana était enceinte de son fils.

« Je suis persuadé qu'au fond de leur cœur les princes louent ce que j'ai entrepris pour découvrir la vérité. Mais j'en ai assez. Je m'en remets à Dieu pour avoir ma revanche. » Une manière de dire qu'il n'accepte cette version que parce qu'il a épuisé toutes les possibilités de la remettre en cause.

Il ne dira plus rien, mais n'en pense pas moins. Il est clair que certaines certitudes d'Al-Fayed sur les liens réels entre Diana et Dodi ne reposent pas sur grand-chose. Ainsi, la fameuse construction mentale que nous évoquions plus tôt s'effondre inexorablement.

La demande en mariage ? Six semaines après leur rencontre, si cette demande a eu lieu, elle paraît bien précipitée.

On imagine mal la princesse de Galles, mère de deux enfants de sang royal, fraîchement divorcée et très concernée par son rôle d'ambassadrice de la paix, épouser un amour de vacances qu'elle connaît depuis moins de deux mois. D'ailleurs, ses deux plus proches amies ont par la suite témoigné que Diana entendait mettre un peu de distance entre elle et Dodi dès leur retour à Londres. Il semble par ailleurs certain qu'elle n'a pas brutalement cessé de prendre la pilule. Si on l'imagine difficilement épouser un homme qu'elle connaît à peine, on ne croit pas une seconde qu'elle ait décidé de faire un enfant, comme ça, à la va-vite, avec un homme qui n'est pas son compagnon, et au mépris des sentiments de ses deux fils. Ce qui ne signifie pas forcément qu'Al-Fayed ait menti durant toutes ces années. S'il est convaincu de ce qu'il affirme, c'est peut-être que Dodi lui-même a convaincu son entourage. Et si Dodi avait pris ses désirs pour des réalités en annonçant à ses proches qu'il allait épouser Diana ?

Il était apparemment plus amoureux d'elle que l'inverse. Même s'il est évident que Diana avait besoin d'amour et d'affection après une série de liaisons décevantes.

Si Diana et Dodi ont été assassinés, rien ne le prouvera sans doute jamais. Si l'on accepte la thèse de l'accident, certains points demeurent tout de même obscurs.

Les conditions de l'accident et les interrogations qu'elles suscitent auraient mérité un examen plus approfondi. La Fiat Uno indirectement responsable de l'accident n'a jamais été retrouvée. Dans un pays où les automobilistes sont systématiquement fichés, cela semble vraiment étrange.

Le témoignage du chauffeur de taxi concernant une mystérieuse Peugeot 205 noire, soudain démenti par le témoin lui-même, n'a plus jamais été évoqué.

Les résultats des analyses du sang de M. Paul sont-ils crédibles ?

Que s'est-il passé avec les policiers français chargés de l'enquête ? Ils ont non seulement caché aux médias les résultats de leurs investigations, mais il semble que leur travail ait été bâclé. À tel point que, sept ans plus tard, Scotland Yard a été obligé de venir en France pour tout reprendre de zéro.

La vérité appartient peut-être à l'une de ces voyantes que Dodi aimait à consulter. Le 12 août, sa préférée, Rita Rogers, avait supplié Dodi d'être extrêmement prudent en fin de mois. Elle voyait des choses terrifiantes. Sur ce point, une certitude : elle avait raison.

MICHAEL JACKSON

Qui a tué Bambi ?

Le matin du 25 juin 2009, Kai Chase, la cuisinière personnelle de Michael Jackson, comprend très vite que quelque chose ne va pas à Neverland.

Comme tous les jours, le docteur Murray, médecin du chanteur depuis six semaines, est passé par la cuisine pour apporter le petit déjeuner à son patient. Ne voyant pas le médecin redescendre avec des bouteilles d'oxygène comme il en avait l'habitude, le chanteur étant adepte de l'oxygénothérapie, Kai Chase a pensé que le Roi de la Pop dormait toujours.

Rien d'anormal car les répétitions des concerts prévus à Londres quelques mois plus tard l'épuisent autant qu'elles le stressent.

Il faut dire que Michael Jackson joue gros dans ce retour : sa carrière, sa fortune et sa vie. Que vaudrait sa vie s'il ne prouvait pas au monde entier que le Roi de la Pop, le plus célèbre chanteur de l'histoire est toujours, à cinquante ans, le plus grand show-man de tous les temps ?

Les inquiétudes, d'abord vagues, de Kai Chase, vont se confirmer lorsque, vers midi, se souvient-elle, « le docteur Murray descend en courant et en criant : “Allez chercher Prince !” ».

Le fils aîné de Michael Jackson, âgé de douze ans, vient rejoindre le docteur et, selon Kai Chase, « à partir de ce moment-là, l'atmosphère dans la maison a changé ».

Kai se joint aux enfants de la star, accompagnés de leur nourrice, et à une gouvernante, pour prier.

Prier, mais pourquoi ? Le personnel de la maison ne le sait pas encore. Tout ce qu'il sait, c'est qu'il se passe quelque chose de grave à l'intérieur de la chambre du maître. Prince en sait-il plus ? Pourquoi le médecin l'a-t-il fait venir dans la chambre ? Que lui a-t-il dit ? Michael a-t-il voulu parler à son fils ?

Vers 13 h 30, la sécurité demande au personnel de partir. Michael va être transféré à l'hôpital.

Il est désormais évident qu'il s'agit d'un problème de santé et que la vie de Michael Jackson est en péril. Le personnel quitte la maison en même temps que son employeur. Sans en savoir plus. Une ambulance emporte Michael sans que l'on sache ce qu'il en est de son état. Est-il toujours vivant ? Sinon, pourquoi avoir perdu tant de temps ? Est-il déjà mort ? Dans ce cas, pourquoi avoir fait autant de mystère depuis midi ?

Autant de questions que des centaines de journalistes et d'enquêteurs de police ou d'assurances poseront et reposeront des milliers de fois dans les semaines qui vont suivre.

Officiellement, le Roi de la Pop est mort d'un arrêt cardiaque le 25 juin à 14 h 26. Donc, près d'une heure après son transfert à l'hôpital. Deux heures et demie après que son médecin a alerté la famille.

Michael Jackson allait fêter ses cinquante et un ans le 29 août 2009.

La nouvelle de sa mort crée une onde de choc planétaire. Dès l'annonce du décès, les rumeurs les plus insensées se répandent sur Internet, où les fans de tous les continents se retrouvent pour témoigner de leur stupeur et de la douleur qu'ils ressentent d'avoir perdu leur idole. Le choc est d'autant plus rude que Michael Jackson devait faire son come-back après douze ans d'absence. La star n'était plus remontée sur scène après sa tournée mondiale de 1997.

Dans les heures qui suivent le décès, attribué à un arrêt cardiaque, aucune certitude n'existe encore quant à la cause de cet arrêt. On espère que l'autopsie permettra d'y voir plus clair. En attendant, les déclarations se succèdent et se contredisent, et un mystère s'installe progressivement autour de la mort de Michael Jackson, alimenté de toutes parts, en particulier, et en premier lieu, par ses proches.

Le révérend Jesse Jackson annonce que la famille fera réaliser une autopsie indépendante, et le père de la star est l'un des premiers à proclamer que son fils a été victime d'un assassinat.

Aux premières affirmations répondent les premiers démentis. On apprend ainsi que, contrairement à ce qu'avaient soutenu les tabloïds dans un premier temps, la star n'était pas amoindrie physiquement. *The Sun* l'avait décrite comme « squelettique » et malade au moment de son décès, mais le rapport d'autopsie révèle que son état de santé était globalement satisfaisant. Son poids, 62 kilos, est considéré comme tout à fait acceptable pour un homme de cinquante ans mesurant 1,75 mètre. Arne Klein, le dermatologue et ami de Bambi, qui le connaît depuis de longues années, confirme que Michael Jackson, qu'il avait vu trois jours avant sa mort, était et voulait rester mince, comme tous les danseurs, mais ne signale aucune pathologie grave affectant son physique. Si le rapport d'autopsie indique que le Roi de la Pop souffrait d'arthrite et d'une inflammation aux poumons, il établit en revanche que son cœur était robuste. Les problèmes mineurs de santé de Michael Jackson ne constituaient pas un danger vital pour lui. Sa mort n'étant pas « naturelle », c'est donc une cause extérieure qui permettra de connaître la raison de l'arrêt cardiaque.

Comme pour ajouter au désordre, et à l'encontre de toute déontologie, les résultats de l'autopsie sont publiés, bien que le rapport complet, secret médical oblige, doive rester confidentiel. L'examen médical conclut clairement que le décès est dû à une surdose de médicaments. Et révèle que la mort de la star a été provoquée par la présence dans son corps de Propofol, un puissant anesthésique dont le monde entier connaîtra désormais le nom. On apprend que cette substance doit être administrée en perfusion sous stricte surveillance médicale, et qu'elle réduit le rythme respiratoire, la vitesse des battements du cœur et la pression sanguine. En cas de surdosage, et notamment en association avec des antidouleurs, le Propofol peut provoquer un arrêt cardiaque.

En août, une fois connues les conclusions complètes de l'autopsie, le Coroner du comté de Los Angeles établit que la mort de Michael Jackson est un homicide au

Propofol, d'une part, et au lorazépam, un sédatif, d'autre part. Ces deux substances ont été administrées par le médecin personnel de la star, le docteur Murray.

Les analyses effectuées lors de l'autopsie font état de la présence de quatre autres sédatifs dans le corps du chanteur et de lidocaïne, un anesthésique local également utilisé en chirurgie pour éviter l'arythmie. En revanche, aucune trace de stupéfiants ou d'alcool n'a été décelée.

L'Institut médico-légal de Los Angeles est donc formel et confirme catégoriquement que la mort de Michael Jackson est un homicide provoqué par une « intoxication aiguë » au Propofol, en association avec des tranquillisants, dont principalement le lorazépam, plus connu en France sous le nom de Témesta, mais aussi le midazolam, un sédatif, du Valium, de la lidocaïne et de l'éphrédine, médicament utilisé notamment en cas d'hypotension lorsqu'on pratique une anesthésie.

Le médecin personnel de Michael Jackson se retrouve en première ligne. Ayant nié dans un premier temps lui avoir administré une quelconque substance, le docteur Murray reconnaît deux jours après le décès avoir injecté à son patient du Propofol, dont la présence dans le corps de la star a été établie comme ayant causé sa mort. À la suite de ces déclarations, la police de Los Angeles ouvre une enquête pour homicide involontaire sans préméditation dans laquelle le docteur Murray est le principal suspect.

Le médecin de Michael Jackson pouvait-il ignorer que la perfusion de Propofol exigeait une surveillance médicale continue ? Ne savait-il pas que son patient prenait d'autres médicaments susceptibles de mettre sa vie en danger en association avec l'anesthésique ? A-t-il administré lui-même le véritable cocktail de médicaments trouvés dans le corps de son patient ? D'autres médecins sont-ils intervenus ? C'est pour répondre à ces questions que l'enquête doit s'orienter afin de déterminer les responsabilités de chacun.

Cherilyn Lee, la nutritionniste qui préparait la star à son retour sur scène, raconte que le chanteur lui aurait demandé du Diprivan, nom générique du Propofol, afin de l'aider à le soulager des insomnies insupportables dont il souffrait. Elle affirme avoir refusé de le satisfaire, mais la conversation qu'elle aurait eue avec un proche de l'artiste l'incite à penser qu'il s'en est procuré par d'autres moyens.

Le 21 juin, soit quatre jours avant la mort du chanteur, Cherilyn Lee reçoit un appel d'une personne proche de l'artiste qui désire la voir immédiatement. Son interlocuteur était très agité, raconte-t-elle. « Je pouvais entendre Michael disant : "Un côté de mon corps est chaud, vraiment chaud, et l'autre côté est froid, très froid." À ce moment de la conversation, je savais que quelqu'un lui avait donné quelque chose qui agit sur le système nerveux central. »

À ce stade de l'enquête, on va découvrir que la famille Jackson, déchirée depuis des années par des problèmes d'argent, et dont certains membres se détestent, sans compter que la plupart d'entre eux ont nui à Michael en se mettant du côté de ses détracteurs, se réunit autour de la dépouille pour hurler ensemble à l'assassinat ! Tous vont s'y mettre dans un spectacle pathétique tant il est de mauvais goût. Tous, même le père auquel Michael ne parlait plus depuis des années car il lui devait une enfance martyre. Mais tout cela est oublié car il faut maintenant se partager le magot supposé et chacun veut être tout de suite aux premières loges.

De son côté, Katherine Jackson, la mère du chanteur, confie à la chaîne Fox que Michael n'est pas mort de cause naturelle, confirmant les déclarations de son mari, lequel, dans une interview accordée à la chaîne ABC, avait affirmé que son fils avait été « tué par son médecin ».

La Toya Jackson, sœur de Michael (celle-là même qui l'avait enfoncé quand il avait été accusé de pédophilie), intervient aussi dans la tourmente médiatique pour déclarer qu'elle est persuadée du meurtre de son frère. « Michael Jackson a été tué par une bande trouble de parasites attirés par l'appât du gain », affirme-t-elle. Elle ajoute que la famille va faire procéder à une autopsie privée et qu'elle est déterminée à tout découvrir sur la mort de son frère.

« J'ai une idée bien précise sur ce que seront les conclusions de l'autopsie. Je crois que Michael a été assassiné, je l'ai senti depuis le début », précise-t-elle. Pour elle, ce n'est pas une seule personne qui est en cause mais il s'agit plutôt d'une conspiration. Elle estime que son frère était mal entouré et qu'on a profité de sa gentillesse. « Il y a moins d'un mois, poursuit-elle, je me suis dit que Michael allait mourir avant de se produire à Londres, parce qu'il était entouré par des gens qui ne défendaient pas vraiment ses intérêts avec cœur. [...] Michael valait plus d'un milliard de dollars. Quand quelqu'un pèse autant d'argent, il y a toujours des gens rôdant autour. J'ai dit à ma famille il y a un mois qu'il n'irait jamais à Londres. Il valait plus mort que vivant. »

Elle accuse le « groupe de parasites » entourant son frère d'avoir éloigné celui-ci de sa famille et de l'avoir forcé à signer pour cinquante concerts. « Ils voyaient en Michael une vache à lait et ils l'ont fait devenir accro à la drogue. Je pense que cela a ébranlé son équilibre à un tel point qu'il en est mort. » La Toya est déterminée à rendre justice posthume à son frère et déclare qu'elle ne sera pas en repos tant qu'elle n'aura pas découvert qui – et ce qui – a tué son frère.

Elle avance par ailleurs un élément intéressant pour l'enquête, affirmant que son frère avait été trouvé dans la chambre de son médecin, et s'interroge sur ce mystère : « Michael est passé de sa chambre à celle du docteur. Que s'est-il passé là, on ne sait pas. »

Les producteurs du spectacle auraient-ils poussé Jackson à monter sur scène au prix d'efforts physiques insurmontables pour lui ? Avaient-ils conscience des conséquences sur la santé du chanteur de ces cinquante représentations ? Lui auraient-ils forcé la main attirés par l'appât du gain, comme l'assure la sœur de l'artiste ?

Une chose est sûre : Michael était horriblement endetté, pour plus de 300 millions de dollars, et son come-back devait lui permettre à la fois de se renflouer financièrement et d'éviter que ses créanciers ne s'en prennent à son principal actif, comprenant notamment la moitié du catalogue des Beatles.

Au moment de l'annonce des concerts londoniens, la presse a révélé que Michael Jackson avait manifesté son mécontentement à leurs promoteurs lorsqu'il avait appris que le nombre de concerts prévus à Londres s'élevait à cinquante, alors qu'il avait signé pour une dizaine de représentations.

Le chanteur avait alors déclaré : « Je me suis couché sachant que j'avais vendu dix dates et me suis réveillé en apprenant que j'étais booké pour cinquante. » La perspective du nombre de concerts qu'il devait assurer aurait démoralisé l'artiste. Il était angoissé car il craignait de ne pas pouvoir tenir physiquement, et aurait demandé trois jours de repos entre chaque concert, n'en obtenant qu'un seul. C'est dans ce contexte que Michael Jackson obtient l'embauche d'un médecin personnel payé par AEG Live, le docteur Murray, qui devait le préparer et l'accompagner pendant la tournée.

Le come-back s'annonçait spectaculaire pour une star qui avait dominé la scène dans les années 1980, et dont l'album *Thriller* détient le record mondial des ventes, avec plus de 50 millions de disques écoulés (certaines sources allant jusqu'à estimer les ventes à 104 millions…). Bambi n'était pas remonté sur scène depuis 1997 et, depuis son acquittement lors du procès où il était accusé d'attouchements sexuels sur un enfant, il était resté à l'écart des médias. Son dernier album, *Invincible*, était sorti en 2001 et les fans attendaient impatiemment de nouvelles productions.

Les assureurs des concerts programmés avaient fait passer une cinquantaine de tests médicaux au chanteur avant de se porter garants de la tournée projetée, et il n'est pas difficile de penser que s'ils avaient eu des doutes sur la santé de l'artiste ou, s'ils avaient estimé que sa condition physique ne lui permettait pas d'assurer le nombre de concerts prévu, rien n'aurait pu être envisagé.

Malgré tout, et comme pour lui jeter un sort, William Hill, maison de paris britannique, prédisait à cinq contre un que Bambi ne remonterait pas sur scène…

Lors de la conférence de presse annonçant la tenue de ses concerts londoniens, Michael Jackson avait dévoilé le nom donné à sa dernière prestation : *« This Is It »*, que l'on pourrait traduire par : « Point final. » Il avait fait comprendre au monde entier qu'une fois ces concerts terminés c'en serait fini pour lui de la scène, mais sans préciser s'il avait d'autres projets.

Les producteurs qui, au moment de la mort de l'artiste, avaient déjà engagé 30 millions de dollars pour l'organisation de ces concerts, ne seraient que partiellement couverts par les assurances, et en aucun cas si l'enquête déterminait que la mort était due à une overdose médicamenteuse. La décision de réaliser un film à partir des enregistrements des répétitions, qui, selon les derniers chiffres, aurait déjà généré plus de 100 millions de dollars de chiffre d'affaires, leur permettra sans doute de rentrer dans leurs frais, voire de faire des bénéfices sur sa dépouille…

Malgré l'énorme succès mondial du film, un site de fans[1] a été créé, où de vives critiques sont portées à la fois contre les producteurs et contre l'entourage médical du chanteur. On y affirme que, malgré la qualité du film qui tient à celle de l'artiste, on n'y verra pas Michael Jackson affirmer qu'il ne se sent pas capable de faire plus de dix concerts, ni que les promoteurs ne lui laissent pas assez de jours de récupération entre les

1. www.this-is-not-it.com

shows. Et pourtant, il l'a dit. « Vous ne le verrez pas, poursuivent ses fans, dire qu'il est tellement sous pression qu'il n'arrive plus à manger, qu'il n'arrive plus à dormir. Vous ne verrez pas le chorégraphe Travis Payne aller chercher Michael chez lui pour l'amener aux répétitions. Vous ne verrez pas non plus Kenny Ortega, le metteur en scène du film et de la tournée, nourrir Michael Jackson lui-même pour qu'il puisse reprendre quelques forces et donc recommencer les répétitions. [...] Vous ne verrez pas Michael Jackson avoir du mal à monter des escaliers. [...] Vous ne verrez pas que Michael Jackson a perdu tellement de poids qu'il ne pèse plus que 49 kilos pour 1,78 mètre le jour de sa mort. [...] Vous ne verrez pas son entourage le bourrer de médicaments. Des médicaments pour l'aider à tenir, des médicaments pour le déstresser, des médicaments pour l'aider à dormir, des médicaments qui l'ont tué. »

Le site s'en prend notamment aux promoteurs d'AEG et en particulier à Randy Phillips, Kenny Ortega, le réalisateur du film, chorégraphe et directeur artistique des concerts, Frank Dileo, le manager, mais aussi à l'entourage de l'artiste. « Tous étaient plus préoccupés par l'argent qu'allait rapporter une tournée de cinquante concerts que par la santé d'un homme que l'on a épuisé jusqu'à la mort. »

Et l'on peut affirmer sans sourciller que la mort de Michael Jackson fait l'affaire de beaucoup, sachant que le chanteur aurait eu du mal à assurer la totalité des concerts prévus, compte tenu de son état d'épuisement physique et moral.

Pour commencer celle de son père, qui s'est publiquement vanté du fait que son fils allait rapporter plus d'argent mort que vivant, et qui, depuis, ne perd pas une occasion de le prouver. De là à croire que ceux qui en profitent aujourd'hui auraient sciemment organisé sa mort…

Depuis la disparition de Bambi, les revenus que ses héritiers en ont tirés pour la seule année 2009 sont estimés à 200 millions de dollars selon un administrateur de l'artiste. Les contrats négociés depuis le décès du Roi de la Pop rapporteraient 100 millions de dollars supplémentaires, et autant de millions pourraient être tirés de la vente de disques et d'autres contrats à venir. On estime que l'héritage de Michael Jackson pourrait générer environ 50 millions de dollars par an, qu'il serait ainsi l'un des plus lucratifs de l'histoire, avec ceux d'Elvis Presley ou de Frank Sinatra. Rien d'étonnant lorsqu'on sait que, de son vivant, Michael Jackson avait vendu 750 millions de disques dans le monde. 220 000 exemplaires de son album *Thriller* se seraient vendus en France en cinq semaines après l'annonce de sa mort et ses tubes ont caracolé en tête des téléchargements. Dans la crise actuelle de l'industrie du disque, la mort de Michael Jackson représente une manne inespérée. Les fans attendent avec impatience les rééditions annoncées, sans compter qu'ils s'arrachent les produits dérivés de l'artiste. Sachant que Michael Jackson arrivait en général avec une centaine de morceaux pour l'enregistrement de ses albums, n'en choisissant qu'une quinzaine pour être édités, on peut escompter que de nombreux inédits verront le jour prochainement. Les héritiers n'ont donc pas à s'en faire, et son entourage l'a bien compris si l'on en croit la bataille acharnée livrée au sujet de l'héritage de l'artiste, qui est estimé à 600 millions de dollars…

Dans la tempête viennent s'ajouter les déclarations des uns et des autres sur la paternité des enfants du Roi de la Pop, histoire de compliquer des choses qui ne sont déjà pas très simples. Malgré tout, l'enquête se poursuit et permet de déterminer une chronologie des heures précédant la mort de Michael Jackson.

Le rapport de police fait état d'un véritable « gavage » médicamenteux, dont on se demande comment un médecin pouvait croire de bonne foi que son patient allait y résister. Selon ce rapport, à 1 h 30 dans la nuit du 24 au 25 juin, le docteur Murray administre 10 mg de Valium à son patient, qui se plaint de ne pas arriver à dormir malgré son épuisement. Une demi-heure plus tard, il injecte 2 mg d'Ativan, un sédatif. À 3 heures, une nouvelle injection contient 2 mg d'un antidépresseur, Versed. Deux heures plus tard, à 5 heures, une nouvelle dose de sédatif pénètre dans le corps du chanteur, à laquelle vient s'ajouter, à 7 h 30, une nouvelle dose d'antidépresseur.

N'arrivant toujours pas à trouver le sommeil, Michael Jackson aurait alors supplié son médecin de lui administrer ce qu'il appelait son « lait », à cause de la couleur du médicament, et que tout le monde connaît aujourd'hui sous le nom de Propofol. Le docteur Murray consent à lui faire une transfusion de 25 mg de cet anesthésiant à 10 h 40. Ce sera sa dernière dose.

L'enquête essaie alors de reconstituer les événements qui se sont produits entre l'administration de cette dernière dose et l'appel des secours. Alors que la perfusion de Propofol doit se faire sous surveillance médicale stricte, et que ce médicament n'est en principe utilisé qu'en milieu hospitalier, le docteur Murray aurait laissé son patient seul pendant « quelques instants », d'après ses premières déclarations, pour « aller aux toilettes ». Le médecin précise que son patient n'ayant manifesté précédemment aucune réaction négative à l'anesthésique, il n'aurait pas jugé dangereux de l'abandonner sans surveillance. Lorsqu'il revient vers lui, le médecin le trouve inanimé. L'enquête a déterminé que le docteur Murray a passé trois appels téléphoniques sur son portable, d'une durée globale de quarante-sept minutes, entre 11 h 08 et 12 h 05. La presse a obtenu le témoignage de la « petite amie » du médecin, qui était au téléphone avec lui au moment où il réalise que Michael Jackson ne respire plus. Elle déclare que Conrad Murray aurait lâché le combiné et commencé à administrer des soins à son patient. De son propre aveu, il commence alors à lui faire un massage cardiaque, directement sur le lit, alors qu'un tel geste doit être réalisé sur un sol dur… Surtout, il aurait dû appeler ou faire appeler immédiatement les secours. Ceux-ci reçoivent le coup de fil à 12 h 21. Si les déclarations de sa « petite amie » sont exactes, entre 12 h 05 et 12 h 21 seize minutes se sont écoulées.

Un trop long délai, selon les spécialistes, si Michael Jackson ne respirait déjà plus à 12 h 05. Sur l'enregistrement de l'appel aux secours, que l'on peut écouter sur le Net, la voix angoissée au téléphone précise clairement que le malade ne respire plus et que les massages cardiaques sont inefficaces pour le réanimer.

L'interlocuteur des secours demande si le malade se trouve sur le lit et, comme le docteur Murray répond par l'affirmative, il lui conseille de le placer sur le sol…

Michael Jackson est-il mort à cause d'une négligence de « quelques instants » ? D'une suite de négligences et d'incompétences ?

Que sait-on du docteur Murray ? Du jour au lendemain, il s'est retrouvé sous les feux de l'actualité, menacé de prison et d'interdiction d'exercer, devenu l'ennemi public numéro un, alors que, six semaines auparavant, il était certain d'avoir échappé à tous ses soucis en devenant le médecin personnel de Michael Jackson.

Lorsque Bambi l'avait choisi pour remplir ce rôle, le docteur Murray était cardiologue au Texas. Le hasard avait fait que la star a eu recours à ses services à Las Vegas, en 2006, pour soigner le rhume de l'un de ses enfants. Et c'est lui qui sera choisi, petit-fils de Noirs défavorisés, pour accompagner le Roi de la Pop et l'assister au jour le jour dans la préparation des concerts londoniens, puis le suivre pendant la tournée. Le médecin, criblé de dettes, n'avait pas refusé l'occasion de se refaire une santé financière et d'y gagner une renommée mondiale.

Il n'avait évidemment pas envisagé de se retrouver, six semaines après, avec un cadavre sur le dos, et d'être l'unique témoin des derniers instants de la vie de la star, poursuivi par la police de Los Angeles pour homicide de son propre patient… Le docteur Conrad Murray devra répondre des accusations de grave négligence professionnelle, voire d'homicide involontaire. Quant à la famille de la star, elle continue de voir en lui un meurtrier, ce qui est, semble-t-il, quelque peu démesuré.

Le docteur Murray était depuis le mois de mai 2009 logé à Holmby Hills, résidence de Michael Jackson sur les hauteurs de Los Angeles, avec la promesse d'un salaire de 150 000 dollars par mois. Ils devaient être payés par le promoteur de la tournée, AEG, mais la société ne lui a jamais versé un dollar. Conrad Murray avait jusqu'alors connu un parcours sans faute.

Fils d'un médecin, qui était le premier de la famille à suivre une telle carrière, Conrad Murray est né sur l'île de la Grenade en 1953. Il choisit la même profession que son père et commence ses études à vingt-sept ans à la Texas Southern University, d'où il sort diplômé avec félicitations du jury. Il se spécialise en cardiologie à l'université de Tucson, en Arizona, et ouvre un cabinet à Houston dans les années 1990. Sa clientèle est principalement composée de Noirs américains issus des quartiers pauvres. Si, depuis le décès de Michael Jackson, les médias lui donnent l'image d'un « Docteur Mabuse », il apparaît abattu et dégage un sentiment de confiance lors de son unique apparition publique depuis la tragédie, dans une vidéo publiée sur le Net.

« Ne vous en faites pas pour moi », veut-il rassurer tous ceux qui le défendent et lui envoient des messages de soutien. Menacé de mort, reclus chez lui et protégé en permanence par un garde du corps, il se défend : « J'ai fait tout ce que j'ai pu. J'ai dit la vérité et je suis certain qu'elle finira par triompher. » On voudrait bien le croire, mais il n'en reste pas moins que son comportement suscite d'innombrables questions, en premier lieu sur ses capacités professionnelles et sur ses principes déontologiques. Comment se fait-il qu'un cardiologue ait pu administrer des doses potentiellement mortelles de médicaments à son patient, même s'il prétendait céder aux supplications de la star, fût-elle Michael Jackson ? Ceux qui connaissent le contexte trouveront aisément la réponse : si Murray avait refusé, il aurait été renvoyé, expliquent-ils. Des dizaines de médecins auraient ainsi défilé au chevet de la star, tous congédiés car n'accédant pas à ses demandes. Conrad Murray, lui, a sans doute mis la déontologie de côté pour garder sa place, ses problèmes financiers prenant le dessus.

Il avait cumulé 700 000 dollars de factures impayées. À son actif, en vingt ans de pratique médicale, il n'aurait jamais connu de problème éthique et n'avait pas le profil des « Docteur Feelgood », ces « charlatans » connus dans le milieu des stars à Los Angeles pour y faire des ravages. Parmi eux, le docteur Klein, dermatologue de Bambi, qu'on surnomme le « roi du Botox », roule en Rolls-Royce, exhibe des Rolex en or, collectionne des toiles de maîtres et habite une villa luxueuse à Laguna Beach. Dermatologue qui, selon les révélations de l'ex-femme de Michael Jackson, Debbie Rowe, serait le père biologique du fils aîné du couple, Prince Michael, aujourd'hui âgé de douze ans.

L'enquête s'intéresse au rôle qu'aurait pu jouer Arnold Klein, mais aussi un certain nombre d'autres médecins qui tournaient autour du Roi de la Pop avant l'arrivée de Conrad Murray, et qui seraient en partie responsables de l'addiction de Michael Jackson aux anesthésiques et autres sédatifs. L'enquête tente de déterminer si des ordonnances illégales prescrites par d'autres médecins ont pu lui faire prendre des médicaments qui, associés au Propofol, auraient pu provoquer sa mort. Elle vise à déterminer aussi, et surtout, comment Michael Jackson se procurait le Propofol, dont on a découvert plusieurs bouteilles chez lui et, donc, comment son médecin, le docteur Murray ou un autre, s'en procurait lui-même, puisque ce médicament ne peut être administré qu'en milieu hospitalier.

Le docteur Murray affirme qu'il ignorait la dépendance aux médicaments du chanteur lorsqu'il a pris ses fonctions, et qu'il a voulu le guérir dès qu'il en a été conscient. Il aurait essayé de sevrer la star du Propofol, qu'il prenait pour soulager ses insomnies, en diminuant progressivement les doses et en le mélangeant à d'autres substances moins « dangereuses », des sédatifs, le lorazépam et le midazolam. Conrad Murray savait (il ne pouvait pas l'ignorer) qu'un surdosage de Propofol peut entraîner une dépression respiratoire et cardiovasculaire et provoquer un arrêt cardiaque… Pourtant, ce matin-là, il aurait « cédé » à la volonté de Michael Jackson. Le 23 juin, soit deux jours avant la mort du chanteur, le médecin avait réussi à faire dormir Michael Jackson en lui administrant seulement des sédatifs. Il affirme avoir tenté de suivre la même procédure la nuit du 24 juin, en lui donnant d'abord du Valium, puis du lorazépam, puis du midazolam, avant de céder aux « supplications du chanteur » et de lui faire une perfusion de 25 mg de Propofol. On connaît la suite.

Trois minutes passent entre l'appel aux secours et l'arrivée des pompiers. Pendant quarante-deux minutes, ceux-ci tentent de réanimer la star avant de décider de la transporter au centre médical de l'UCLA. Là encore, les déclarations se contredisent. Le site TMZ, qui a eu la primeur de la mort de Michael Jackson et qui a toujours été à la pointe de l'information sur son décès, affirme que le chanteur était déjà mort au moment où les secours sont arrivés…

L'administration de Propofol et le fait d'avoir laissé son patient seul pendant la perfusion suffisent à inculper le docteur Murray d'homicide involontaire. Greg Scott, ancien procureur, estime cependant qu'il faudra des preuves solides aux enquêteurs pour qu'ils puissent entamer des poursuites pour négligence médicale, voire criminelle, à l'encontre du docteur Murray et des autres médecins. « Les affaires visant les médecins sont extrêmement difficiles, estime-t-il. On demande au jury de critiquer après coup les décisions d'un professionnel. En outre, si la défense trouve ne serait-ce qu'un médecin pour déclarer que c'était le traitement adéquat, on est dans le doute raisonnable », et suffisant pour ne pas prononcer de condamnation.

La dépendance du chanteur aux médicaments et la responsabilité d'autres médecins dans leur administration restent également à déterminer.

Avant même les résultats de l'autopsie, *The Sun* affirme que le chanteur avait au moment de sa mort le corps criblé de piqûres d'aiguille et soutient, témoignages à l'appui, que la star souffrait d'une addiction aux anesthésiques, somnifères et analgésiques. Les marques de piqûres pourraient confirmer la consommation régulière de substances par intraveineuse, comme c'est le cas du Diprivan, dont plusieurs bouteilles ont été trouvées chez lui. Les nombreuses cicatrices observées au visage et au cou de la star seraient apparemment les traces de ses interventions de chirurgie esthétique successives, dont le monde entier était au courant. La dépendance aux médicaments de Michael Jackson remonterait à l'accident dont il a été victime lors du tournage d'une publicité pour Pepsi, le 27 janvier 1984, dont une vidéo sur Internet, mise en ligne peu après la mort de la star, montre des images lorsque ses cheveux prennent feu… À la suite des brûlures aux deuxième et troisième degrés sur son cuir chevelu et son visage, et notamment de la greffe de son cuir chevelu, l'artiste serait devenu accro aux médicaments antidouleur, et à la chirurgie esthétique, dont on connaît les excès sur son visage devenu monstrueux.

Les rumeurs, le plus souvent créées de toutes pièces par ceux qui ont besoin d'une tribune médiatique et qui ont profité de la mort de Michael Jackson pour faire parler d'eux, ne se sont même pas apaisées à l'occasion de son enterrement. Rapidement, une cérémonie d'adieu avait été prévue au Staples Center, en présence de vingt mille personnes avec retransmission mondiale.

Mais, tout aussi vite, les contrordres se multiplièrent quant au lieu et à la date de l'enterrement.

En fin de compte, la star repose officiellement au cimetière de Forest Lawn Memorial Park, sur les hauteurs de Los Angeles, et elle a été enterrée en présence de ses proches dans la plus stricte intimité le 3 septembre, plus de deux mois après son décès.

Et si Michael Jackson était vivant ?

Le fait que l'enterrement se soit déroulé dans la plus stricte intimité alimente une dernière rumeur, et non la moindre, selon laquelle il ne serait pas mort. L'incertitude quant à la destination finale de la dépouille de l'artiste, savamment mise en scène, suffit pour que certains croient à une fausse mort qui ne serait donc qu'une imposture.

Après Kennedy, Marilyn Monroe, Elvis Presley, Michael Jackson aurait donc rejoint le club très fermé des morts vivants. Un royaume dont on remarque qu'il n'appartient qu'aux gens très riches et très célèbres.

L'artiste aurait fait croire à sa mort afin d'échapper aux concerts londoniens... Pour « preuve », on peut voir sur le Net une vidéo montrant le chanteur lors de son transfert à l'hôpital, où l'on voit que le corps bouge sous le drap dont il est recouvert. Par ailleurs, de nombreux « témoignages », toujours sur le Net, affirment qu'il a été aperçu, par les uns au Mexique, par les autres en Irlande ou à l'aéroport de Miami... Comme les théories de la conspiration ont toujours réponse à tout, on va jusqu'à affirmer que la star a acheté le silence de ceux qui disent avoir vu sa dépouille.

Son entourage ne reste pas en retrait de toutes les rumeurs, bien au contraire. La Toya Jackson, encore elle, affirme avoir vu le fantôme de Michael. Elle a même pu discuter avec lui. Elle l'a aperçu au milieu des rideaux de son salon : « Ses yeux étaient ouverts et il avait l'air apaisé. J'ai allumé la lumière et lui ai demandé : Michael, veux-tu passer de l'autre côté ? » La chanteuse explique cela sans broncher, et pour preuve qu'elle reste bien les pieds sur terre, elle n'oublie pas de parler du lancement de son album, qui sort très prochainement...

Enfin, pour achever de convaincre les plus réticents, on trouve sur le Net une vidéo où le « fantôme » de Michael Jackson peut être vu par les fans du monde entier. Nous sommes dans la maison de la star, où Larry King vient d'interviewer Jermaine Jackson, un des frères de Michael, pour son émission diffusée sur CNN. La caméra fait une visite guidée de la maison de la star, nous montre un couloir et, distinctement, passant par là, devant la cheminée, on aperçoit l'ombre du propriétaire des lieux, dont la silhouette est facilement reconnaissable… Gag d'un fan, effet spécial involontaire créé par un technicien sur place ?

Peu importe. Qu'on croie ou non aux fantômes ou aux histoires plus ou moins invraisemblables, les mystères et autres rumeurs sur la mort de Michael Jackson nous rappellent une évidence : le commun des mortels accepte mal que les célébrités puissent mourir aussi ordinairement qu'eux-mêmes. Elles doivent rester extraordinaires dans leur vie comme dans leur mort, surtout dans la mort, pour continuer à nous faire rêver…

S'il fallait étayer ces propos, il suffit de dire qu'en 2007 un sondage réalisé par CBS révèle que 7 % de la population aux États-Unis croit qu'Elvis Presley est toujours en vie… On peut penser qu'il en sera de même de Michael Jackson, qui avait d'ailleurs été marié pendant près de deux ans avec la fille de l'interprète de *Love Me Tender*. Si elle n'affirme pas que son père est encore vivant, Lisa Marie Presley confie en revanche que Michael Jackson « savait » qu'il allait mourir jeune, et dans des circonstances similaires à celles de son père… C'était son destin, dit-elle, qu'elle-même s'est efforcée, en vain, de conjurer :

« Durant notre relation, j'ai essayé de le sauver et je me suis perdue, déclare-t-elle sur sa page Myspace. Je suis tombée très malade, j'étais épuisée émotionnellement et spirituellement dans ma quête pour le sauver de cette autodestruction, et de ces horribles vampires ou parasites qu'il attirait comme des aimants. »

Quel qu'ait été son destin, qu'il résulte du désir de ceux qui s'enrichissent à ses dépens ou de la malheureuse succession d'incompétences du médecin qui avait cédé à sa dépendance, ou qui avait sincèrement voulu l'en sortir, la mort de Michael Jackson, spectaculaire et dramatique, restera une source inépuisable où viendra s'abreuver l'imaginaire de tous.

Table

Cet ouvrage a été composé
par Atlant'Communication
au Bernard (Vendée)

Achevé d'imprimer sur Roto-Page
par l'Imprimerie Floch à Mayenne
en septembre 2010
pour le compte des Éditions de l'Archipel
département éditorial
de la S.A.S. Écriture-Communication

Imprimé en France
N° d'impression : 77532
Dépôt légal : juin 2010